Luisa Francia

Der Rest deines Lebens

beginnt **jetzt**

Luisa Francia

Der Rest deines Lebens
beginnt **jetzt**

Rituale
zur Verzauberung des Alltags

Frauenoffensive

Solange Qualität von Qual kommt,
ist die Zukunft leider auch nur von gestern.

4. Auflage, 2008
© Luisa Francia, 2001
Verlag Frauenoffensive
Weißenburger Str. 40, 81667 München
info@verlag-frauenoffensive.de

ISBN 978-3-88104-339-7

Druck: CPI books, Leck
Umschlaggestaltung: Erasmi & Stein, München
nach einem Entwurf von Luisa Francia
Fotos: Luisa Francia

Dieses Buch ist gedruckt auf Papier aus chlorfrei gebleichtem Zellstoff.

INHALT

Hallo!
Ist jemand zu Hause?
Wo bist du denn?
Beim letzten Urlaub? Bei der letzten Demütigung?
Da, wo du alles anders machen wirst?
Da, wo sich
Wie durch ein Wunder
Alle Ungerechtigkeiten aufheben
Alle Schmerzen auflösen?
Da wo du immer schon gern
Sein wolltest und nie wirklich bist?
Träumst du dich schon wieder in neue
Genugtuung
Weil du gedemütigt wurdest?
Bist du im Haß daheim,
Weil dir die Welt zu banal, zu kriminell,
Zu unerträglich ist?
Wirst du es allen einmal zeigen?
Wann zeigst du es dir selbst?
Der Rest deines Lebens beginnt JETZT

Denkanregung für eine spirituelle Stadtguerilla
Du hast es geschafft, bis heute nicht an BSE, an Aids, an einem Autounfall, einer Herz- und Kreislauferkrankung, an Krebs, einem sinnlosen Krieg, am Autoverkehr oder an Verstrahlung zu sterben. Glückwunsch. Aber nicht sterben heißt noch lange nicht leben.

Ich kenne dich. Du stehst morgens im Bus, in der U- oder S-Bahn, im Vorortzug, in der Straßenbahn. Die meiste Zeit bist du von Menschen umgeben, die so müde, frustriert, ängstlich, von Befehlen gesteuert sind wie du. Du bist froh, daß du einen Job hast, aber wenn du dich deiner Arbeitsstelle näherst, verkrampft sich schon mal dein Magen. Du lebst von den Geschichten anderer, ernährst dich von Hochglanzzeitschriften, was du selbst nicht lebst, willst du wenigstens bei Promis konsumieren. Du läßt leben, läßt dich mit all deinen Gefühlen fernsteuern, Ehen werden geschlossen, geschieden, du blätterst dich durch und triumphierst: die auch! Und träumst du nicht sogar von der Zeit, wenn dir irgend jemand Rente zahlt? Du träumst von Reisen in traumhafte Gegenden, von einem wirklich erholsamen Wochenende, vom Traummann, von der idealen Arbeitsstelle, von genug Geld, vom Selbständigmachen – kurz: von all den modernen Mythen, mit denen du gehirngewaschen wirst.

In der Arbeit bist du von ehrgeizigen Karrieristen umgeben, die Hunderte von Überstunden machen, die nicht bezahlt werden. Weihnachts- und Urlaubsgeld kennst du nur aus den Erzählungen anderer, und dein Chef, jünger als du vielleicht, hat dir möglicherweise auch schon gesagt, daß er für die Hälfte deines Gehalts einen Ingenieur aus Polen und für überhaupt kein Geld zwei Praktikantinnen haben kann. Von politischem Kampf für menschenwürdige Arbeitsbedingungen hast du in der Schule mal was gehört, und das Geld für eine Mitgliedschaft bei der Gewerkschaft gibst du lieber bei H&M aus, auch wenn du dafür in der Mittagspause nach dem Essen den Finger runterstecken mußt.

Wir alle wissen, daß einige Tiere Opfer von Raubtieren werden, also deren Nahrung sind und sich vor ihnen hüten müssen. Wir wissen, daß sie sich vor denen hüten, ohne mit ihnen zu diskutieren. Was wir leider nicht gelernt haben, ist herauszufinden, wer oder was das Äqui-valent der Raubtiere ist, wenn wir die Nahrung sind. Und deshalb diskutieren wir immer noch anstatt zu lachen, uns abzuwenden, unsere Energien nicht in unsere poten-tiellen Vernichter zu investieren und vielleicht auch gele-gentlich mal kurz und effektiv die Krallen auszufahren.

Du erhoffst dir also die Erlösung durch einen Men-schen, den du liebst? Den du ganz für dich haben willst, nein, natürlich formulierst du es anders: mit dem du alles teilen, dem du vertrauen kannst. Du setzt alle Erwartun-gen und Hoffnungen, die du selbst nicht erfüllen kannst, in Herrn Wunderbar oder die Traumfrau? Ich nehme an, du hast noch nie etwas von der Verklebung des klaren Blicks durch Östrogen gehört oder von der Brutalisierung der zwischenmenschlichen Beziehungen durch Testoste-ron? Na, ist ja auch egal. Die Zukunft der Menschheit wird ohnehin demnächst in Labors ausgehandelt, in denen alle Zweifel durch Genveränderung behoben werden.

Im Fernsehen siehst du all die jungen Leute, die so schlank, so gut drauf, so wahnsinnig lustig sind, und du erfährst, daß alles ganz einfach ist, scheinbar hast nur du ein Problem. Also ab in die Disco, wo du dich mit fünf-undzwanzig schon uralt fühlst.

Manchmal gehst du sogar zwei Schritte in Richtung Freiheit, aber du hast vergessen, was das ist, weil so viele Firmen und Parteien dieses Wort zugemüllt haben. Viel-leicht hast du deine Träume auch schon aufgegeben. Da-bei bist du noch gar nicht alt. Aber du wachst tatsächlich gelegentlich morgens auf und siehst keinen Grund, wei-terzuleben. Zum Selbstmord reicht's natürlich auch nicht. Warum solltest du etwas so Dramatisches tun?

Dein Leben hat das Wunderbare verloren – nie gehabt? Wenn du dich an eine glückliche Situation in deiner Kindheit erinnern sollst, fällt dir einfach nichts ein. Wann hast du zuletzt herzlich gelacht? Hast du überhaupt etwas zu lachen? Eine Fee kommt vorbei und sagt: Du hast drei Wünsche frei. Guter Witz. Dir fällt nichts ein. Die Fee hältst du für die Hausmeisterin, und dein Hirn weiß, wie mit solchen Situationen umzugehen ist: Quatsch. Bleib auf dem Boden. Investiere dein letztes Geld in Aktien. Schlimmer: in einen Lottoschein.

Wenn eine Bank sagt: Wir danken Ihnen für Ihr Vertrauen, kommst du nicht drauf, daß sie eigentlich bösartig kichern sollten und sagen: Wir danken Ihnen für Ihre Blödheit und für Ihr Geld. Geht irgendwo was schief, hast du nicht das Gefühl, es hat mit dir zu tun. Du beklagst dich, jammerst, schimpfst und fühlst dich danach leider auch nicht besser. Schlimmer noch, du investierst nirgends, du blickst durch, bist Gewerkschaftsmitglied, kaufst keine Aktien, ißt biologisch unbedenkliches Essen und hast trotzdem das Gefühl, das Leben ist ein einziger großer Beschiß, und weißt nicht, wie du dem Ganzen einen Sinn geben könntest.

Oder: Dein Leben hat einen Sinn, du hast einen guten Job, sogar mit Weihnachts- und Urlaubsgeld, du bist gut drauf und tust, was du für richtig hältst, und jetzt wird dieser Sinn so langsam abgesaugt, deine FreundInnen machen dir klar, wie furchtbar die Welt ist, daß du ein egoistisches Trampel bist, wenn dich das gerade nicht interessiert, und schwallen dich so lange mit grauenvollen Geschichten aus dem Leben von Leuten zu, die du gar nicht kennst, bis du nicht mehr die Kraft hast, dir Oropax in die Ohren zu stopfen. Die Katastrophenprogrammierung ist gelungen.

Die Katastrophenprogrammierung ist eine der Garantien dafür, daß alles mehr oder weniger bleibt, wie es ist, daß niemand den Aufstand wagt, niemand sich entzieht. Franz Josef Strauss, der ehemalige Stammeschef der Bayern wußte: Man muß den Leuten Angst machen. Nur wenn sie Angst haben, hat man sie im Griff.

Du horchst in deinen Körper hinein, fühlst dich müde, erschöpft. Vielleicht bist du krank? Warum ist dein Leben nicht so wundervoll und aufregend wie das prominenter Frauen, die anscheinend alles, was sie brauchen, bekommen, ständig im Mittelpunkt stehen und sich von der Bewunderung der Massen ernähren? Aber wenn dann eine dieser Frauen betrogen oder verlassen oder von der Presse fertiggemacht wird, produzierst du Emotionen, diskutierst heftig, solidarisierst dich mit der virtuellen Person, als sei sie deine Freundin, als bekämst du auch nur eine zuverlässige Information über sie und als ginge dich das alles überhaupt was an. Vielleicht bist du auch schadenfroh, erleichtert, daß auch Geld und Berühmtheit Glück nicht kaufen kann. Eben. Wer ist schon glücklich. Deine Lebenshöhepunkte werden von den Medien gesteuert, angefeuert. Du denkst schon gar nicht mehr – sie denken dich.

Dein Leben ist eine Folge von Tagen, die alle mit der Motivation gestartet werden: Ich muß, ich kann ja nicht, mir bleibt ja nichts anderes übrig, da muß man sich halt anpassen, die anderen haben's auch nicht leichter, was soll's, irgendwie muß ich mein Geld ja verdienen, Hauptsache, ich kriege dann meine Rente, nur noch fünf, zehn, fünfzehn, zwanzig, vierzig Jahre, ich habe ja bald Urlaub, in zwei, drei, vier oder fünf Tagen ist Wochenende usw. Da mußt du durch?

Was ist mit dem turbokapitalistischen Mythos Wochenende? Natürlich reicht es nicht für wahre Erholung, Faulenzen, Entspannen. Schon ewig redest du davon, mal

wieder rauszufahren, ins Gebirge, ans Meer, aufs Land...
Aber was machst du da? Was soll der Aufwand? Am Ende
ist das Wochenende dann nur noch das, was die Tresor-
wände unter der Bahnhofstraße in Zürich verlangen:
Wiederherstellung der uneingeschränkten Arbeitskraft zur
Maximierung des Profits, nicht deines natürlich. Von dir
wird erwartet, daß du das, was du verdienst, auch wieder
in deine Arbeitskraft steckst.

Im letzten Jahrhundert gab es einen interessanten
Wertewandel, der allein durch Arbeit und Nicht-Arbeit
definiert wird. Wenn jemand schlaff herumliegt und in
den Himmel schaut und keine Arbeit hat, wird der
Zustand unheilvoll Arbeitslosigkeit genannt und ist in
jedem Fall schrecklich. Quetscht sich jemand mit mehre-
ren/vielen anderen Menschen in einen fensterlosen Raum
und macht sich an Geräten oder Maschinen zu schaffen,
gilt das als Arbeit und ist zu begrüßen, egal wie grauen-
voll die Situation ist.

Schon kleinste Kinder werden in die Acht-bis-fünf-
Klammer eingewöhnt und später in Schulen stundenlang
in die (uneffektive) Wissensvermittlungsstarre an Pulte
gezwungen, wo die Mehrzahl der SchülerInnen ihre
Lektion tatsächlich lernt: Widerstand ist zwecklos. Irgendwann wird das System zum Selbstläufer, da nichts so
bedrohlich ist wie die Veränderung des gewohnten Zustands, selbst wenn die Veränderung Besserung bringt.

Wenn du auf dein Leben zurückschaust – wie schnell
ist die Zeit bis jetzt vergangen! Willst du wirklich den Rest
deines Lebens damit verbringen, auf die Meinung von
Leuten Rücksicht zu nehmen, deren Werte nicht deine
sind, die überhaupt nichts mit dir zu tun haben? Deren
Meinung du vielleicht nur ahnst, deren angebliche Erwartungen du in vorauseilendem Gehorsam vorwegnimmst.

Bist du der Mittelpunkt deines Lebens? Dann könntest du mal anfangen, die hypnotischen Befehle, die Fremdeingaben zu überprüfen.

Wie das geht? Da kommen wir zum wichtigsten Punkt des Lebens überhaupt: Fragen können wichtiger sein als Antworten. Wer nicht fragt, kommt nicht zum Kern.

Fangen wir mit einer Weisheit an, die dir hilft, ökologisch, also energiesparend mit deiner Kraft umzugehen:

WÄHLE BEI ALLEM, WAS DU TUST, DEN WEG
DES GERINGSTMÖGLICHEN ENERGIEAUFWANDES
BEI GRÖSSTMÖGLICHER WIRKUNG.

Zugegeben, das erfordert jeweils eine Analyse der Situation. Du bewegst dich zu den Hintergrundinformationen in deinem Kopf, dahin, wo die feinen Zweifel, die Intuition herkommen. Alles, was du später über eine Situation in deinem Leben entdeckst, hast du vorher schon einmal formuliert – scherzhaft mit Freundinnen, in einem Zustand schlechter Laune oder bei akutem Ärger. Würdest du dir selbst zuhören, könntest du natürlich manche Prozesse verkürzen. Aber das verlangt eine schonungslose Bilanz, wo überall du jede Menge Kraft hineinpumpst, um möglichst wenig zu erreichen.

Da dies nach wie vor die Lieblingsbeschäftigung von Frauen ist, schauen wir uns die Situation näher an. Die meiste Kraft verlieren wir bei Menschen, die wir lieben – von denen wir uns einreden, daß wir sie lieben. Wir machen uns (gern) alle möglichen Sorgen, versuchen, das Leben der Lieben zu erleichtern, was sich oft als Schuß nach hinten erweist. Wir umsorgen sie, weil wir für sie unentbehrlich werden wollen, ja müssen. Brauchen sie uns nicht, haben wir ja keine Funktion, oder?

Auf diese Funktion zu verzichten, heißt nicht, weniger zu lieben, sondern wirklich zu lieben, also die Geliebten nicht für saudumm zu halten, nicht mit ihrer Korrumpierbarkeit zu rechnen. Alles, was ich einer Person abnehme, obwohl sie es selber tun kann, beraubt sie ihrer Erfahrung, ihrer eigenständigen Kraft und schwächt auch mich. Ein erwachsener Mann braucht keine Babysitterin, auch keine Köchin. Der Kochbuchmarkt boomt! Kinder lieben es, die Welt zu entdecken, statt immerzu gesagt zu kriegen, wie sie sie sehen sollen. Gerade Kinder haben eine fast unheimliche Fähigkeit, leblose Stellen bloßzulegen und Würdelosigkeit von Frauen zu ihrem Vorteil zu nutzen. Selbstachtung wird von Kindern sofort respektiert.

Jammern bei Freundinnen scheint ein schönes Ventil zu sein, das dir Erleichterung verschafft. Du tust es gern und oft und hast dabei schon die eine oder andere liebe Freundin verloren, die du dann natürlich demontieren mußt, denn wenn sie dich nicht mehr so oft sehen will, ist sie keine richtige Freundin. Mal ganz ehrlich, wenn dir eine Freundin wirklich die Wahrheit sagt, also das, was sie denkt, beschuldigst du sie dann nicht, mißgünstig oder neidisch zu sein, statt froh zu sein, daß dir überhaupt noch jemand eine ehrliche Meinung vermittelt?

Sich bei FreundInnen auszujammern, ist ein großer Energieaufwand für alle Beteiligten. Das erzeugte Potential an schlechter Laune, Resignation und Depression ist beachtlich. Depression ist ja nicht etwa ein kraftloser Zustand, sondern heftigste Energie bei gleichzeitiger Unterdrückung dieser Energie. Du brauchst also zweimal maximale Kraft.

Die Wirkung ist unerfreulich. Die aufgewandte Energie arbeitet gegen dich und gegen alle anderen Beteiligten. Besser: Geh mit dieser Stimmung zu einer Person, die dir schon lange ein Dorn im Auge ist. Nerv sie mit deinem Gejammer. Das gibt dir Energie, und die Wirkung ist auch nicht ohne: Du fühlst dich erleichtert und erheitert zugleich und behältst alle deine Freundinnen.

Ehe und Beziehungen sind unter dem Aspekt der Analyse von Energieaufwand und Wirkung auch nicht der Hit. Es wird ein paar gute Gründe geben, warum du gerade diese Lebensform gewählt hast. Aber auch die Beziehungs- und Familienstrukturen werden radikal zerlegt. In dem Maß, wie Frauen sich selbst ernähren können, fällt die Notwendigkeit für den „Ernährer" weg. Kein Wunder, daß Beziehungen in der Regel von Frauen aufgelöst werden. Männer sehen scheinbar noch sehr selten die Notwendigkeit, sich zu verändern, mit der veränderten gesellschaftlichen Situation mitzuwachsen. Das führt oft zu traumatischen und auch gewalttätigen Reaktionen. Selbstverteidigung für Frauen müßte beim jetzigen Stand der sogenannten Zivilisation Pflichtfach werden.

Wer die gesellschaftliche und kulturelle Situation einer Zeit beeinflussen und verändern will, muß meistens viel Energie aufwenden. Wenn du also mit deiner Situation nicht zufrieden bist, solltest du Kraft tanken, dir etwas einfallen lassen, was dir besser gefallen würde, und dir auch einen Testlauf geben, in dem alles mögliche schiefgehen kann. Getrennte Betten, getrennte Wohnungen, getrennte Kassen, gemeinsame Lustverabredungen? Eine Beziehung in eine Liebesgeschichte zu verwandeln, also vom Ziehen zum Schichten überzugehen, hat gleich mehrere Vorteile: Es fördert die Kreativität, verunsichert dich, so wirst du offen für andere Modelle. Die neuen Begegnungssituationen regen die Phantasie an.

Weise Frauen und Eremiten sind natürlich unter anderem deshalb allein, weil sie wissen, daß jede Art von Liebesbeziehung zu den klassischen Kraftfressern gehört, was ja nicht heißt, daß die eine oder andere Beziehung nicht einfach mal sein muß.

Bei Nachfragen und genauem Hinsehen ist der Energieaufwand hoch, was durch die anregende, erhellende Wirkung aber ausgeglichen wird. Es schüttelt dich durch, und damit fallen alte Muster in sich zusammen, und du fällst hoffentlich aus dem Rahmen.

Fernsehen gehört zu den Mitteln, dich über Angst, Schrecken, Panik, fremde Gefühle in Filmen, die mit dir nichts zu tun haben, im Griff zu halten. Fernsehen ergänzt die Frustrationspuffer Extremsport, Kaufrausch, Frauenzeitschriften. Wenn das alles zu deinem täglichen Leben gehört und dazu noch der eine oder andere Schokoladenanfall, Suff, Freßsucht oder Kettenrauchen, dann hast du sicher ein schlechtes Gewissen – die perfekte Krone auf die genannte Energievergeudung.

Energieaufwand: enorm.

Wirkung: verheerend.

Ausnahme: Du genießt das alles, hast kein schlechtes Gewissen und sagst dir, du mußt ja nicht unbedingt 90, pflegebedürftig und depressiv werden. Was du vorher nicht wissen kannst, ist, ob du nicht trotzdem 90, pflegebedürftig und depressiv wirst. Und das solltest du keinesfalls dem Zufall überlassen.

Deshalb lohnt es sich, Verbindungen zu allen möglichen Wesen zu knüpfen, Ballast fallenzulassen, das geheime Gepäck einmal näher zu untersuchen, das schlechte Gewissen abzubauen und den Körper für die Zeit zu trainieren, in der er lieber aufgeben würde.

Lichtschiffchen fahren lassen

Dieses Ritual ist am schönsten mit vielen Freundinnen. Am besten trefft ihr euch schon am Nachmittag und baut die Schiffchen. Das Boot sollte natürlich dem Fluß oder Bach nicht schaden und aus natürlichem Material gefertigt sein – Holz, Gräser, Blätter, Blüten, kleine Bienenwachskerzen usw.

Bei Anbruch der Dunkelheit gehen alle zum Wasser. Die Elemente werden gerufen, dann vielleicht auch noch Kräfte, die alle Frauen begleiten sollen. Dann zünden alle die Kerzen auf den Schiffchen an und setzen sie aufs Wasser. Es ist übrigens völlig unerheblich, wie lange das Schiff schwimmt, obwohl es natürlich immer schön ist, wenn es länger auf dem Wasser dahintreibt und die Lichter auf der Wasserfläche funkeln. In Indien, wo Lichtschiffchen aus Blättern und Blüten gemacht werden, kümmern sich die Menschen gar nicht darum, ob das Schiff schwimmt oder nicht. Ohnehin ist es eine Gabe an die Flußgöttin. Wann sie sich die Gabe holt, ist ihre Sache.

Woran denkst du, wenn du „Natur" hörst? An ferne Ur-
wälder? An majestätische Gebirge wie den Himalaya? An
Brennesselspinat und Sumpfdotterblumen?

Natur ist das, was wir schützen müssen – schon klar.
Daß unser Naturbegriff bereits ein ganz eingeschränkter,
ein ganz verkitschter ist, wird dir vielleicht auch schon
gelegentlich durch den Kopf gegangen sein. Aber jedenfalls: Die Natur ist heilig. Wir verhalten uns so, als wäre
die Natur zu unserer Erbauung erfunden worden, und
nicht, als seien wir Teil der Natur. Als seien wir die Meister alles Kreatürlichen und hätten die Macht zu bestimmen, was noch wachsen darf und was ausgerottet werden
muß. Genausogut könnte es sein, daß wir vom Wohl-
wollen der Pflanzen und Tiere abhängen und es nur nicht
wissen.

Was könnte es denn bedeuten, wenn in schamani-
schen Traditionen wie Sibirien oder der Mongolei von der
Tiermutter die Rede ist? Daß es sich dabei nicht um ein
einzelnes Tier handelt, ist ja klar. Wenn es eine Mutter
aller Hühner und eine Mutter aller Geparden und eine
Mutter aller Haselsträucher gibt, dann handelt es sich um
eine Art Gott oder Göttin in einer spirituellen Ebene, ein
Energiewesen, das die materielle Ebene transzendiert und
in anderen Schichten zu Hause ist. Und vielleicht haben
ja die alten Traditionen Recht, die sagen: Alles, was auf
der Erde existiert, hat eine spirituelle Wurzel, und wenn
wir in den Kreislauf der Natur eingreifen, verletzen wir
auch die spirituelle Ebene der Natur. Wer weiß, ob nicht
Allergien daher kommen, daß die Pflanzen und die Tiere

keine Lust mehr haben, mit uns zu kooperieren, und mit ihren Pheromonen, also den feinsten Duftstoffen, mit ihren Haaren und Hautschuppen unsere Sinne so reizen, daß wir davon krank werden. Wir leben ja nicht in Harmonie mit der Natur. Menschliche Zivilisation begradigt, bereinigt, asphaltiert, verbaut, vergiftet, tötet, vernichtet. Wie sollten die Wesen der Natur da noch Lust haben, mit uns zu kommunizieren und uns zu heilen?

Gilt ein Kraut als Heilkraut, wird es zuerst überall in der Natur mit Stumpf und Stiel ausgerissen, und wenn es vom Aussterben bedroht ist, wird es künstlich gezüchtet oder genmanipuliert und angebaut. So gehen wir mit den Substanzen der Natur um, ohne überhaupt Kontakt aufzunehmen.

Um mit allen Kräften ins Gleichgewicht zu kommen, brauchen wir aber auch Kommunikation mit den feinstofflichen Energien aller Wesen der Natur und ganz besonders der Pflanzen und Tiere, die mit uns seelenverwandt sind, die unserer Kraft gleichen.

Was haben die Geranien vor den Fenstern, die Garten-Center, die Weihnachtsbäume noch mit Natur zu tun? Oder sollten wir sagen: Alles, was es gibt, ist Natur, denn sonst gäbe es das nicht? Kann es wirklich etwas auf der Welt geben, das aus der Natur schlägt und eigentlich nicht möglich sein darf? Warum halten wir uns damit auf, Natur und Künstlichkeit oder Natur und Technik zu trennen?

Immer wieder fragen mich Frauen, wie sie Kontakt zur Natur finden können – wie das geht, sich mit der Natur austauschen. Wenn die Vorstellung von der Natur eine so abgehobene, edle, melodramatische ist, wie sie oft in esoterischen Veröffentlichungen gefeiert wird, wenn sie so schön und so edel und so gut sein muß, wie sie nun mal sein muß für naturliebende Menschen, dann wird's wirklich schwer, mit ihr ins Gespräch zu kommen. Aber wenn ich sage: Auch deine Verdauung ist Natur, komm mit deinem Darm ins Gespräch, hör auf das, was er sagt, denkst du sicher, ich möchte dich verspotten.

Nein, ich meine es ernst. Natur ist überall, fang bei dir selbst an. Die vier Elemente wohnen in deinem Körper. Das Fleisch und die Knochen repräsentieren die Erde. Blut, Spucke, Tränen, Pisse und Schweiß vertreten das Wasser. Atem, Düfte, Fürze und der leere Raum, der den größten Teil jeder Zelle ausmacht, stehen für die Luft und der Stoffwechsel, die Nahrungsverbrennung und die Verdauung, das Fieber und das Schwitzen für das Feuer.

Du hast die vier Elemente immer bei dir, kannst sie jederzeit rufen und mit ihnen in Kontakt treten. Dann kannst du weitergehen und Verbindungen zu den Elementen außerhalb von dir herstellen, was wieder ganz einfach ist, denn wie im Kleinen, so im Großen, wie Innen, so Außen: Um das Wasser zu erleben, kannst du dich an einen Springbrunnen, einen See, einen Fluß setzen. Nimm dir die Zeit zu lauschen, ohne dir den Stress zu machen, Botschaften zu entschlüsseln. Hör einfach zu und nimm wahr, wie das Wasser fließt – die Unterschiedlichkeit der Geräusche, die im Wasser entstehen.

Wozu überhaupt Kontakt mit der Natur aufnehmen? Was bringt es, wenn das Leben so kurz und sowenig Zeit ist. Wäre es nicht sinnvoller, alles zu tun, um mehr Geld zu verdienen oder gewinnen? Sich pausenlos zu amüsieren und soviel wie möglich aus dem kläglichen Leben herauszuschinden?

Das Gespräch mit Wesen der Natur hat eine ganz erstaunliche Wirkung: Es hebt die Zeit auf. Alles wächst, die Straße singt unter den vorbeifahrenden Reifen, die Erde saugt Feuchtigkeit auf und gibt Energie ab, der Wind bewegt Zweige und Blätter, Blüten, Blumen und spielt mit ihnen, spielt mit deinem Haar, fährt dir unter den Pullover, deine Haut stellt sich auf und spielt mit, und während du dich vom Wind liebkosen, vom Wasser informieren, von der Erde energetisieren und tragen läßt, während dein Feuer auflodert und wieder stark und heiter brennt, bleibt die Zeit stehen, du vergißt sie ganz einfach, und sie fehlt dir auch gar nicht mehr.

RITUAL

Einen Wunschbaum wählen

Such dir da, wo du lebst, einen Baum aus, der sich als Wunschbaum eignet, das heißt, daß die Äste erreichbar sind, daß er zugänglich, aber nicht allzu ausgesetzt ist. Es ist auch gut, eine Baumart zu finden, mit der du selbst ein gutes, spirituelles Verhältnis hast. Diesen Baum erklärst du jetzt zum Wunschbaum. Du rasselst oder trommelst und singst für ihn, gibst ihm etwas Muschelkalk (gibt's in Kräuterläden oder Reformhäusern), kannst ihm auch mal ein Ei aufschlagen und zur Wurzel legen, Kräuter, Tabak oder Körner ausstreuen. Dann schmückst du ihn mit bunten Bändern und erzählst Freundinnen, Kindern, Freunden, die du gern hast, daß dieser Baum ein Wunschbaum ist und daß sie bunte Bänder hinhängen können, die mit Wünschen aufgeladen wurden. Gelegentlich könnt ihr bei diesem Baum ein Picknick oder ein kleines Fest mit Musik machen. Bäume lieben Musik und Tanz.

Ich machte mich mit dem Buschtaxi auf den Weg, das Dorf der Zauberer Fada N'Gourma in Burkina Faso zu besuchen. Vor zwölf Jahren war ich zuletzt dagewesen. Die Atmosphäre des Dorfes war mir mystisch und geheimnisvoll erschienen.

Damals war ich auf der radikalen Suche nach dem Ursprung und der Quintessenz von Magie. Wie ein trockener Schwamm saugte ich Zauberpraktiken, Rituale und Zeremonien auf und setzte sie um in meine Sprache der Magie. Jetzt war ich heiter und gelassen. Ich suchte nicht mehr, weil ich im Lauf der Zeit begriffen hatte, daß ich mehr erfuhr, wenn ich alles, was mir begegnete, bewußt wahrnahm, statt irgendwelchen Geheimnissen hinterherzurennen.

Zwanzig Erwachsene, zwei Kleinkinder und vier Hühner teilten sich den Platz im Kleinbus. Ich war ins Gespräch mit zwei Frauen und einem alten Mann neben mir vertieft, die mir erzählten, daß es in diesem Jahr keinen richtigen Regen gegeben hatte und die jungen Leute aus den Dörfern abhauen, weil sie keine Lust haben, einen dürren Boden zu bearbeiten.

Wir machten mehrere Pausen, Verkäuferinnen versorgten uns mit Mangos, Kochbananen, in Zeitungspapier eingeschlagen, *Foutou* (gestampfte Yam), süßem, klebrigem Kuchen und *bisap,* kaltem Hibiskustee. Obwohl ich wenig Platz für meinen ohnehin nicht breiten Hintern hatte, genoß ich die Fahrt, die Gespräche, den Gesang, der immer wieder aufbrandete. In einem Anfall von Realitätsbedürfnis fragte ich nach dem Ort Fada. Alle fingen an zu schreien und zu gestikulieren. Wir waren bereits 180 Kilometer hinter Fada und näherten uns der Grenze zu Benin. Ich blieb gelassen. Da ich mich gewissermaßen auf einer Visionsreise befand, ging ich davon aus, alles, was mir geschah, habe eine tiefere Bedeutung.

Ich fuhr mit bis zur Grenze von Benin; da ich kein Visum hatte, kehrte ich mit dem Buschtaxi wieder um. Fünf Kilometer später hatte es eine Panne, und dann war die Reise erst einmal zu Ende, denn der Schaden konnte nicht so schnell behoben werden. Die Mitreisenden, zweiundzwanzig Erwachsene, vier Kinder, eine Ziege und sechs Hühner, verteilten sich im Busch unter Bäumen und Sträuchern, dösten vor sich hin, aßen Mitgebrachtes. Dunkelheit fiel. Die Bauern eines Gehöfts boten uns an, bei ihnen im Hof zu übernachten. Ich hängte mein Moskitonetz an einen Baum und legte mich darunter. Keine Musik, keine Trommeln. Irgendwo quäkten Stimmen aus einem Radio.

Am Morgen scharten wir uns um das Buschtaxi. Es funktionierte nicht, und wir mußten weiter warten. Ich beschloß, per Autostopp weiterzufahren, was auf erstaunliche Weise gelang. Der Fahrer lebte in Fada und setzte mich direkt vor dem Haus eines Zauberers ab. Der Zauberer sagte: „Je veux te donner quelque chose" und holte sein Geschlechtsteil aus der Hose. Ich sagte, ich würde lieber keine Geschenke annehmen, und er verlor jedes Interesse an mir. Dafür schloß mich die Frau ins Herz. Sie machte mir eine *grigri*-Kette, also eine Art Amulett aus Holzstücken und ein Armband aus demselben Material. Sie verkaufte mir einen Ring, der ein Chamäleon darstellt, und sagte, daß dieser Ring mir Glück bringen würde. Dann nahm sie mich mit zu ihren Freundinnen, und ich durfte die Frauen zu einer Opferzeremonie auf ein Feld begleiten, wo wir kleine schwarze Opferschälchen aus Ton aufstellten.

Als ich später zu Hause über diese Reise nachdachte, fiel mir auf, daß sie gelungen war, weil sie mißglückte. Daß das, was ich gesucht, geplant hatte, über Bord fiel, während anderes sich vor meinen Augen entfaltete. Ich hätte mir gar nicht vorstellen können, diese Frauen zu finden, weil ich nichts von ihnen wußte. Wäre ich einen Tag früher gekommen, wären sie auf dem Wochenmarkt im Nachbardorf gewesen, und ich hätte sie gar nicht angetroffen.

Wenn du Glück hast, werden deine Wünsche nicht erfüllt, sagt ein buddhistisches Sprichwort sinngemäß. Und das Problem mit Wünschen, Sehnsüchten und Plänen ist ja tatsächlich, daß wir nur wünschen und planen können, was wir kennen oder wenigstens ahnen. Aber was kennen wir schon? Was können wir schon erahnen?

Da geht's im Leben nicht so glatt, wie wir es gern hätten, schon wünschen wir uns eine Lösung aller Probleme ohne uns erst mal mit dem Mißlingen zu beschäftigen und uns alles genau anzuschauen. Wir stürzen uns von einer Aktivität in die nächste. Plan A hat nicht geklappt, also schnell Plan B konstruieren. Eine Beziehung ist gescheitert, vielleicht ist ja die nächste die ideale. Vielleicht.

Vielleicht. In allem wird verzweifelt ein Sinn gesucht. Suchtstruktur prägt unser Leben, Sucht nach wirklicher Sättigung, nach Glück, nach Erfüllung. Hilfsmittel werden gern angenommen. Bin ich nicht gut drauf, schütte ich Alkohol rein, wird schon klappen. Brauche ich Anregung, Power, rauche ich halt wie ein Kamin. Kann ich nicht allein sein, suche ich mir eine Person, die mir die Last der Einsamkeit abnimmt. Irgendwo muß doch dieser Zustand verborgen sein, der mich endlich glücklich macht!

Der Süden steht in der Symbolik der Magie für die kindliche Kraft, das Vertrauen, die spontane Kraft und für die Magie selbst, also die Macht der Kommunikation, der Verwandlung. Sind wir nicht ein ganzes Leben damit beschäftigt, den Süden zu suchen, wieder leicht, frei, fröhlich zu sein, alle unsere Kräfte zu spüren und mit ihnen wirklich alles bewirken zu können?

Als ich mit blauen Lippen und hämmerndem Höhenkopfschmerz auf fünftausend Meter Höhe auf einem Plateau in Tibet stand und mit meinen Mitreisenden das im wahrsten Sinn des Wortes atemraubende Panorama der Achttausender bewunderte, stieg ein Japaner aus einem Jeep, wies mit großer Geste auf die schneebedeckten Gipfel, die sich vor unseren Augen aufreihten, und sagte: This is nothing. You should see the Swiss Alps.

Das Wunder ist wohl immer da, wo du gerade nicht bist. Mir wurde klar, daß die Suche selbst süchtig macht. Noch weiter, noch höher, noch exotischer, noch spektakulärer. Die Reizgrenze wird immer höher, aber die Erfüllung zieht sich immer weiter zurück.

Und ich machte eine aufregende Entdeckung. Ich fing an, meine Gefühle genau wahrzunehmen, wenn ich mich an einem Ort der Kraft aufhielt, und diese Gefühle zu Hause wieder zu rufen. Mir wurde klar, daß es mit negativen Gefühlen ganz leicht ist. Jede, jeder kann es. Du denkst an etwas Gemeines, Grausames, Deprimierendes, und das niedergeschlagene Gefühl stellt sich sofort ein. Du evozierst einen Ort, an dem du etwas Schreckliches erlebt hast, und ohne den Ort je wieder zu besuchen, kannst du bei seiner bloßen Erwähnung das Schreckliche in dir heraufbeschwören. Es braucht keine weitere magische Kunst, um Resignation und Frustration zu rufen.

Ich isolierte diesen Vorgang des Evozierens eines Gefühls und füllte ihn mit anderen Inhalten: Glücksgefühle beim Anblick einer tosenden Meeresbrandung, während einer gelungenen Liebesnacht, geheimnisvolle Freude an einem magischen Ort löste ich von den jeweiligen Ereignissen und Orten und weckte einfach die Erinnerung daran in meinem System. Tatsächlich: Alles passiert in mir. Mein Körper hat es gespeichert, meine Seele hat es ohnehin nie losgelassen und wartet darauf, daß ich es rufe.

Wenn ich mir selbst die Quelle von Kraft bin, wenn es mir gelingt, das Gefühl, das ein Kraftplatz bei mir auslöst, ohne den Ort wiederherzustellen, brauche ich keine spektakulären magischen Plätze mehr – obwohl es schön ist, sie zu haben und besuchen zu können. Es geht um die Substanz, die der Ort im eigenen Universum aufleuchten läßt. Diese Substanz ist immer da, sie ist Teil von uns und wartet darauf, erkannt, wiederbelebt zu werden. Aber solange Qualität noch von Qual kommt, ist auch die Zukunft leider von gestern.

RITUAL

Ein Glücksnest bauen
Wähl einen Ort in deiner Wohnung, an dem das Glück bei dir wohnen soll, und such ein Gefäß, eine Schachtel, irgendeinen Gegenstand, in dem du das Glück einquartieren willst. Bevölkere dieses Gefäß mit Locksubstanzen, die für dich Glück, Schönheit, friedliche Energie symbolisieren. Geh wenigstens einmal am Tag zu deinem Glücksnest und wecke das Glück in dir. Wenn du das sehr gut kannst, brauchst du vielleicht auch gar keine materielle Struktur mehr, um das Glück zu rufen.

Als wir 1972 in Rom die erste reine Frauendemonstration wagten, spielten wir mit einem Slogan, von dem wir damals nicht ahnen konnten, wie sehr er unser Leben prägen und verändern würde: *Tremate, tremate, le streghe son' tornate.* (Zittert, zittert, die Hexen kommen zurück).

Unser Wissen von den Hexen des Mittelalters war schon deshalb so vage, weil die Hexenverfolgung und die Ausrottung von Millionen Menschen unter dem Vorwand der „Hexerei" in den Lehrplänen der Schulen kein Thema war. Damals reizte uns die freiheitliche, die magische, die romantische Aura, die den Begriff „Hexe" umgab. Ich recherchierte das Thema der Hexenverbrennungen für den Verlag Frauenoffensive, in dessen Kollektiv ich damals arbeitete, und drehte schließlich einen Film über ein Dorf, das von der Inquisition ausgerottet wird, und über das Problem der Frauensolidarität („Hexen").

Damals wurde uns klar, daß die Zeit der Hexenverfolgungen eine Zäsur in der Geschichte der Frauen darstellt: Die friedliche Koexistenz vieler verschiedener kultureller und spiritueller Lebensformen im frühen Mittelalter (eine Multikultigesellschaft, wie sie heute von fortschrittlichen Kräften wieder angestrebt wird) wurde von den patriarchalen monotheistischen Machthabern ausgelöscht. Forschung, Lehre, Heilkunst, Wissenschaft wurden unter die Kontrolle der Kirche gestellt, Frauen aus den Universitäten verbannt; die ökonomische und spirituelle Freiheit, die Frauen noch bis ins frühe Mittelalter hatten, wurde von kirchlichen und weltlichen Patriarchen abgewürgt; die Frauen-Handwerksgilden wurden zerschlagen, im

Zug der Hexenverfolgungen wurde Frauen ihr – zum Teil beachtlich größer – Besitz geraubt. Das alte, mündlich überlieferte Wissen weiser Frauen wurde mit den Frauen und ihren Katzen verbrannt oder in Klöstern zu kirchlichen Rezepten und Heilweisen umgebogen (das geht von der Klosterbrauerei bis zur Hildegard-Medizin, denn auch Hildegard hatte ihr Wissen von den wilden Frauen, die im Wald zu ihrer Klause kamen).

Die Erkenntnis, die Frauen bis heute in den Knochen sitzt, griff wie eine Epedemie um sich: Wenn du deine Macht zeigst, wirst du umgebracht.

Es ging bei der Hexenverfolgung natürlich überhaupt nicht um Magie, sondern um die endgültige Ausradierung von Lebensformen, die mit der humorlosen und relativ unattraktiven Lehre der christlichen Kirche nicht kompatibel waren. Es ging um Macht und Geld, um den Alleinanspruch des Patriarchats, über alles zu herrschen, alles zu bestimmen und alle abzukassieren und die Frauen aus den Machtstrukturen herauszuhalten, unter die „Munt", die Vormundschaft, unter die Haube, also unter die Macht des Ehemanns zu stellen – eine Praxis, die sich in etwas milderer Form ja durchaus bis heute gehalten hat.

Als wir die Hexen wieder ins Spiel brachten, passierte etwas sehr Interessantes, das sich mit einem alten Gesetz der Magie deckt: Was du benennst, verwirklicht sich. Was gerufen wird, kommt. Indem wir der „Hexe" einen Platz in unserem politischen Kampf einräumten, öffneten wir die Kanäle zu einer alten Kultur, die uns nicht nur faszinierte, sondern auch neue politische Power gab. Damals diskutierte ich mit einem Freund, der gerade als Arzt in der Psychiatrie angefangen hatte, warum es in Irrenhäusern so viele „Marien" und „Heilige", aber keine Hexen gebe. Er sagte: Die würden sich rauszaubern.

Die politische Sprengkraft, die im Konzept der Magie liegt, begann sich zu entfalten. Magie ist Gestaltung der Wirklichkeit nach den eigenen Visionen, ist Kommunikation mit allen Kräften der Natur, ist das Feiern dieser Kräfte und der eigenen Lebensfreude. Magie ist selbstverantwortliche Teilnahme an der Gestaltung der Gesellschaft.

Die „politischen" Frauen sahen die spirituelle Entwicklung der Frauenbewegung mit großer Sorge: Da driften ein paar Frauen ab in rosarote Wolken. Simsalabim, die Welt soll schön und heil sein! Aber darum ging es in den Ritualen der spirituellen Frauenbewegung nie. Sie waren immer auch eine Konzentration auf die Schöpfung der weiblichen Räume, auf die Rückeroberung der Nacht.

Vom Ritual für den Frauenbuchladen Zürich, dem die Räume in der Stockerstraße gekündet waren und der nach dem Ritual in die Gerechtigkeitsgasse 6 zog (die 6 ist in der Zahlensymbolik Ausgleich, Entscheidung), bis zum Walpurgisritual als machtvoller Demonstration und lustvollem Raum-Einnehmen in München und anderen Städten vereinten die Stadtrituale und Mondtänze die Lust am Tanzen, die Verbindung zur Natur, zu den Elementen, zu den Göttinnen mit dem Anspruch auf Eigenmacht und Gestaltung der politischen Realität.

Das wachsende Selbstbewußtsein der Frauen mit ihren eigenen Lebensformen und Ritualen hat sich bis in die Managementstrukturen großer Firmen ausgewirkt. Führende Politikerinnen und Wirtschaftsexpertinnen legen sich die Karten, verbinden ihre Energien mit denen des Mondes, der Erde und mit anderen Frauen. Die Netzwerke, die Frauen mittels spiritueller Arbeit über den Globus gewoben haben, mögen noch nicht sichtbar und spürbar sein, aber sie sind bereits so mächtig, daß eine neue Welle von Frauenfeindlichkeit vor allem in den Medien und in der Werbung die Frauen wieder auf Linie zu trimmen versucht: zurück zum Wonderbra, zum knackigen Arsch und den Stilettoabsätzen.

Tatsache ist, daß Frauen auf diese Zutaten mehr und mehr zurückgreifen, um sich in der Männerwelt Vorteile zu verschaffen; aber im Gegensatz zu den fünfziger Jahren sind Frauen heute besser ausgebildet und der Auseinandersetzung mit Machtstrukturen mehr gewachsen. Nicht selten wird der hochhackige Schuh zur Waffe, und der knackige Arsch wackelt unter Ausschluß männlicher Blicke lustvoll lehmbeschmiert im Vollmond.

Es ging uns doch nicht um eine neue Kleiderordnung, um neue Tabus (keine Miniröcke! keine Stöckelschuhe bei Ritualen!) und auch nicht um neue religiöse Dogmen, es ging in der spirituellen feministischen Bewegung immer um das Freilegen alten Wissens, das Entdecken der ureigenen Kraft, das Ausleben der eigenen Entscheidungen und Überzeugungen und um nichts weniger als Freiheit, und es ist erstaunlich, wie dieser alte, abgeschlaffte, oft mißbrauchte Klischeebegriff Freiheit in der alltäglichen Umsetzung neue politische Sprengkraft entwickelt, allein dadurch daß Frauen sich nicht mehr vorschreiben lassen, was sie gut zu finden haben.

Die Rituale der spirituellen Frauenbewegung haben uns nicht nur neue Kommunikationsformen und neue Solidaritätserlebnisse geschenkt, sondern auch ein neues Selbstbewußtsein. In Ritualen haben wir zu unserer eigenen Kraft gefunden, und vielleicht gerade weil wir so oft angegriffen wurden, haben wir gelernt, auch zu dem zu stehen, was sich nicht perfekt präsentiert, was nicht unbedingt verstanden wird.

Die vielleicht wichtigste Erkenntnis, die aus der spirituellen Arbeit und den Ritualen hervorging, ist, daß der Politikbegriff der westlich zivilisierten Kulturen sich nicht mit unserem Begriff von Politik und gesellschaftlichem Einfluß deckt. Daß Frauen nicht unbedingt innerhalb der herrschenden Verhältnisse an der Macht beteiligt werden, sondern die Grundstrukturen verändern wollen.

Daraus entstanden neue Widerstandsformen, die vielleicht mächtiger waren, als es Demonstrationen und politischer Protest je sein konnten. In Greenham Common lernten wir den gewaltlosen Widerstand gegen Atomraketen. Wir spannen die militärisch gesicherte Anlage mit Wollfäden ein, was nur scheinbar eine sinnlose Aktion war. Die magische Macht, die diesem Spinnen zugrunde lag, ließ schließlich auch die Raketen verschwinden. Mit Ritualen und magischen Handlungen verbündeten wir uns mit der Erde, auf der die Atomwiederaufbereitungsanlage in Wackersdorf gebaut werden sollte – mit Erfolg.

Die Aktionen gegen den Wirtschaftsgipfel in Seattle zeigen eine neue Art spirituellen und magischen Widerstands: Über das Internet verbünden sich Menschen gegen die zerstörerische Globalisierung der Industrie. Das Internet wurde erfolgreich in die Rituale des Widerstands einbezogen.

Daß die Rituale der Frauen das Bild der Welt verändern, zeigte sich bei der Eröffnung der Olympischen Spiele in Sydney: Eine behinderte Sportlerin trug die olympische Flamme ins Stadion, vier Frauen trugen sie in einem Staffellauf bis zur Treppe, und eine Aborigine-Sportlerin trug das Feuer nach oben, wo sie im Wasser stehend einen Kreis aus Feuer entzündete – ein eindrucksvolles Ritual! Die Rituale der Frauen werden die Kultur und die Politik stärker verändern, als es je eine Revolution vermochte.

Wandere durch die Stadt und sammle kleine Kieselsteine, versuch die schönsten zu finden. Denk dir eine Zahl aus, die für dich symbolische Bedeutung hat. Ich habe 108 Steinchen, weil es mir gefällt, daß im tibetischen Buddhismus die Zahl 108 heilig ist. Ich liebe Zahlen, die in der Quersumme 9 ergeben, und nur die Zahl 9 bildet in der Quersumme immer wieder die 9. Da die 3 in der Zahlensymbolik die Schwelle zu einem neuen Zustand, die Initiation darstellt, gefällt mir auch die Idee, daß die 9, also dreimal die 3 eine Art tiefere Initiation ist. 108 Steinchen führen also zu einer Schwelle. Und diese Schwelle führt ins Nichts. In die Anerkennung des Flüchtigen, in die wohltuende Sinn-Losigkeit. Nicht alles muß praktisch und nützlich sein, und am Beginn einer Reise in die Magie des Alltags und der Stadt ist es gut, das Nützliche loszulassen. Denn wo du nützlich bist, wirst du benutzt, ausgenutzt, abgenutzt. Wo du genießbar bist, wirst du verzehrt. Das Nützliche hat dich lange genug in seinen vernünftigen Krallen gehalten. Es wird Zeit, mit dem nicht Nützlichen närrisch aufzuatmen.

Das kleine Ritual mit den Kieselsteinen führt dich aus der Benutzbarkeit, aus dem Verzehrtwerden in einen Zustand wacher Aufmerksamkeit. Es geht um nichts. Was du tust, hat einen praktischen Wert. Du kannst es kaum erklären; wenn du schlau bist, erklärst du es auch nicht.

Leg alle Steinchen auf einen Haufen. Dann nimm einen Stein nach dem anderen, berühre ihn mit beiden Händen, laß deinen Geist an der Oberfläche des Steins entlang und in den Stein hineinwandern, leg den Stein weg und nimm den nächsten, betrachte und befühle ihn genauso, leg ihn zum vorherigen und so fort, bis du alle

Steine aufgenommen, berührt und an einen neuen Platz gelegt hast.

Dieses Ritual eignet sich, den Stress und die lineare Energie des westlich-industrialisierten Alltags zu durchbrechen, die scheinbar linear vergehende Zeit anzuhalten und im Augenblick anzukommen. Wenn du sagst, daß du für solche Rituale keine Zeit hast, brauchst du sie ganz besonders. Die Berührung der Steine, das Berührtwerden von Steinen wird deine Wahrnehmung von Zeit und Raum, von Notwendigkeiten und Sinnlosigkeit verändern.

Jahrzehntelang wanderte das Rotkäppchen neben mir her durch mein Leben. Das rote Käppchen, das nette Mädchen, der böse, interessante Wolf als Feindbild, der geheimnisvolle Wald, in den es sich, dem Wolf zufolge, hineinzugehen lohnt, um Entdeckungen zu machen.

Die Großmutter – warum wohnt sie allein im Wald, wo ist Rotkäppchens Vater? Die Mutter, einerseits so liebevoll und mütterlich, daß sie der Großmutter Kuchen und Wein bringen will, scheint andererseits zu faul zu sein, selbst zu gehen. Denkt sie nicht an die Gefahren, die einem kleinen Mädchen drohen können?

Die Mutter hatte Vertrauen in die wilde Kraft. An wen sie leider nicht gedacht hat – nicht denken konnte, wie alle wilden Frauen vor ihr –, war der Jäger. Woher kommt plötzlich dieser Jäger? Da ist die in sich verwobene stimmige Welt der Wildnis und der Frauen, und aus dem Nichts taucht der Jäger auf, der einen Initiationsprozeß – blöd wie er ist – nicht erkennt und abbricht. Der diesen Prozeß sogar abbrechen muß. Der Jäger kommt nämlich in dieser Initiation nicht vor, weil nicht vorgesehen ist, daß die Initiierte dann für den Jäger kocht.

Im Märchen „Rotkäppchen" wird eine interessante, eine typisch europäische (white, male) Dreiecksgeschichte entwickelt: Da ist das mit seiner Mission beschäftigte Rotkäppchen, außerdem ein Jäger, der vom Leben nicht wahnsinnig viel Ahnung hat und bei Gefahr stets sein Gewehr zückt, weil er hypothalamusgesteuert (Gefahr! Töten! Überleben!) sich eine andere Lösung gar nicht vorstellen kann. Und da ist der Wolf, der sich um den Jäger nicht kümmern kann, weil er anderes zu tun hat, zum Beispiel: Rotkäppchen in eine Wildnis-Initiation zu locken.

Wenn wir die Geschichte angehen wie eine Boulevardzeitung, suchen wir nur nach der Tragödie, der Schuld, dem Drama. So sind wir's gewöhnt: Wahnsinn, schrecklich, furchtbar, eine Katastrophe! Wie konnte das passieren! Das arme Kind! Wir sind nicht gewöhnt, nach der Komplexität der Eindrücke, nach den Lernprozessen in einer gefährlichen Situation, nach Möglichkeiten und Facetten zu schauen. Der uns anerzogene Reflex zwingt uns zu urteilen, in gut und böse zu trennen. Angefeuert durch Hoffnungen, Tragödien, Angst, Erregung spulen wir unsere Reaktionen ab: erschrecken, lachen, weinen, verurteilen, aufatmen.

Und wie in einem Wettkampf keiner der Läufer, der Läuferinnen plötzlich stehenbleibt, sich den Kopf kratzt und fragt: Was soll das eigentlich? Was wird hier gespielt? Wozu tu ich mir das an?, bleibt auch im Leben keiner stehen, und wenn, ertönt die Pfeife des Kampfrichters: Weiterlaufen. Nicht stehen bleiben. Schau nicht nach rechts, nicht nach links, dazu ist keine Zeit. Wir rennen, und die Zeit rennt vor uns, neben uns, hinter uns her.

Der direkte Weg zum Ende des Wettkampfs ist tatsächlich manchmal der schnellste, zum Beispiel durch Herzinfarkt oder Schlaganfall. Doch was uns in den Kurven des Umwegs erwartet, im Verweilen, im Dösen und Träumen, ist vielleicht lebensnotwendig, um etwas über dieses Stadion herauszufinden, in dem wir alle so eifrig dahinrennen.

Im Märchen vom Rotkäppchen, das von Psychologen und Soziologen exzessiv interpretiert wurde, wird uns die Ausradierung der wilden Kraft und die Machtübernahme durch den bewaffneten Mann beschrieben, der am Ende Rotkäppchen „befreit" und den Wolf, der das Unberechenbare, die wilde Kraft symbolisiert, umbringt. Interessant, wie sehr ich und viele, die ich kenne, sich in ihrer Kindheit mit dem „lieben" Jäger identifizierten und wie suspekt mir dieser Jäger im Lauf meines Lebens wurde. Interessant, wie sich die Jägervariante durch die Realität zieht, der „gute" Jäger, der rettende Bewaffnete, egal ob im Kosovo oder sonstwo. Waffen und Kampf werden uns nach wie vor als befreiende Energien verkauft.

Da ich Märchen liebe, sie immer wieder lese, immer wieder über ihren Inhalt, ihre Botschaften und Aussagen, ihre Verstümmelungen nachdenke, habe ich im Lauf der Zeit viele Zeichen gefunden, wie wir ins Hamsterrad gezwungen, entmachtet, in lineare Energie getrieben und unserer Träume beraubt wurden. Ich fand auch viele Hinweise darauf, wie wir unsere Kraft früher lebten, welche Methoden und Systeme wir entwickelt hatten.

In Märchen wurde altes Wissen verschlüsselt weitergegeben, und kein Grimmscher Bruder konnte es völlig zerlegen. Märchen zu lesen, dient nicht gerade dem Versuch, sich in der westlich-zivilisierten Welt durchzusetzen und erfolgreich zu sein. Eigentlich ist es Zeitverschwendung. Aber Märchen zu lesen und auf Botschaften durchzukämmen, hilft tatsächlich, den wilden Raum wieder zu öffnen und verkümmerte Reste wilder Kraft neu aufkeimen zu lassen. Die wilde Kraft gleicht ja den Samen, die in der dürren Wüste unendlich lange überdauern. Kommt der erste Regen, blühen alle auf.

Bleiben wir bei Rotkäppchen und schauen wir uns den Realitätsentwurf noch einmal genauer an. Da geht eine junge Frau einen vorbestimmten Weg – zum alten Wissen. Sie bewegt sich von der Mutter zur Großmutter, das heißt, sie befindet sich noch in einem alten Koordinatensystem der dreifachen weiblichen Kraft. Sie ist auf dem Weg zur Weisheit der Alten.

Im Märchen vom Rotkäppchen wird ein Zivilisationsentwurf gezeigt, der vor der patriarchalen Weltordnung gültig war: die dreifache Göttin – Mädchen, Mutter, Alte – Symbol für eine weibliche Zivilisation, ordnendes Prinzip für eine universelle Energie: die spiralige Drehung, das Abweichen vom Weg, um die wilden Kräfte aufzunehmen, die magische Initiation, die zyklische Energie.

Der Wald und der Wolf symbolisieren eine Realitätsebene, die weder von patriarchaler noch von matriarchaler Zivilisation, nicht von linearer Energie vereinnahmt werden kann. Die wilde Kraft ordnet sich keinem ausgedachten System unter. Die Quintessenz der Wildnis ist die Unberechenbarkeit, Unkontrollierbarkeit, das Chaos.

Weder durch angepaßtes Verhalten noch durch Gewalt können Menschen die wilde Kraft bändigen. Männer nicht, aber Frauen auch nicht. Frauen stürzen genauso in den Bergen ab, verhungern, verdursten, werden unter Schlammlawinen, bei Erdbeben begraben, von Buschfeuern getötet, von Überschwemmungen ertränkt. Wir haben kein Anrecht darauf, daß die wilde Kraft mit uns kooperiert. Es gibt keine Möglichkeit, sich ihr mit dem Anspruch zu nähern: Aber ich habe doch alles richtig gemacht, jetzt mußt du mir auch helfen.

Die Natur ist nicht „lieb". Die Natur „hilft" nicht, auch nicht den Frauen. Nur sind die Frauen dieser Kraft oft viel näher und verstehen sie besser. Und, in der Umkehrung: Die Natur rächt sich nicht. Wildnis IST.

Dennoch ist die wilde Kraft unsere einzige Chance, uns dem Rhythmus des Universums wieder bewußt zu nähern. Nicht weil uns das Universum dann liebt – das

Universum ist Jahrmilliarden, ja unbeschreibliche Zeit-räume hindurch sehr gut ohne uns ausgekommen und braucht uns auch jetzt nicht –, sondern weil wir dann mehr über uns und den Zusammenhang der wilden Kräfte erfahren. Warum sollten wir uns von Luftschlangen der Ideologien und Vorschriften fesseln, von sechsund-zwanzig Buchstaben, beliebig kombiniert, steuern lassen? Wenn wir vor jede Entdeckungsreise in die wilde Kraft das Kleingedruckte der Versicherungen lesen, kommen wir nicht mal am Zaun an, geschweige auf der anderen Seite des Zivilisationsgeheges.

RITUAL

Die Tochter, die Mutter, die Alte
Ein Ritual, in dem die drei Lebensphasen der Frau gefei-ert werden.

Wenn wir die drei Kräfte weiblicher Wirklichkeit feiern wollen, bauen wir uns zuerst einmal drei Altäre auf. Der für die junge Frau enthält alles, was junge Frauen lieben. Am besten wird die Kraft der Jungen von Mädchen und jungen Frauen gestaltet oder wenigstens angeregt. Bilder von Göttinnen, die junge Frauen begleiten, können den Altar schmücken.

Der Altar der Mutter enthält alles, was Nahrung, müt-terliche Energie, Wärme, Sicherheit durch die Loyalität der Frauen und Schutz symbolisiert. Der Altar sollte von Müttern gestaltet werden. Muttergöttinnen können als Bild, mit ihrem Namen oder als Skulptur vertreten sein.

Der Altar der alten Frau enthält alles, was die Weisheit des weiblichen Lebens repräsentieren kann, vom Wissen aus Büchern über magisches Wissen, Lebenserfahrung und Fülle. Attribute der weisen Alten und der Göttinnen, die sie begleiten.

Das Ritual wird am besten von vielen Frauen gemacht. Zuerst wird der Altar der jungen Frau umtanzt, Kräfte der Jugend werden gerufen, dann nehmen sich alle an der Hand und tanzen zum Altar der Mutter, rufen alle Kräfte der blühenden Frauen, dann ziehen alle weiter zum Altar der Alten und rufen alle Kräfte der Weisheit und des Alters. Dann stellen sich in einer Reihe immer zwei Frauen gegenüber und bilden eine Art Kanal, einen Geburtskanal. Jede wird jetzt durch diesen Geburtskanal geschleust und neu geboren, mit ihrem Namen gerufen und gefeiert.

Im Tod sind alle gleich? Von wegen. Da stirbt ein uralter Politiker, schon schreiben die Zeitungen von seinem „erschütternden Tod"; stirbt eine Klofrau aus Mallersdorf, interessiert sich kein Mensch dafür. Die einen werden in den Tod begleitet, die anderen verrecken auf der Straße, noch bevor sie überhaupt richtig gelebt haben, wie der palästinensische kleine Junge, der von einem israelischen Soldaten erschossen wurde, als er sich mit seinem Vater hinter einer Mauer versteckte. Wir wissen nicht, wann und wie wir sterben werden und was unser Tod auslösen mag, aber wir haben es in der Hand, so zu leben, daß der Tod ein würdiger Abschluß des Lebens ist.

Wann hast du zuletzt, hast du überhaupt je einen toten Menschen gesehen? Tod ist selbstverständlicher Teil des rasanten Lebens – wenn du den Fernseher einschaltest, fliegen dir die Kugeln um die Ohren, Männer hantieren verzerrten Gesichts mit Feuerwaffen aller Art, reihenweise fallen die Akteure um, blutend, zerfetzt, schreiend.

Nicht alles ist virtuelle Realität. Die Nachrichtenbilder streuen echte Katastrophen in das Horrorszenario, die erfundenen Bilder von Tod und Verderben werden mit dem wahren Leben und Sterben gewürzt. Sex und Tod steigern den Umsatz von Zeitschriften, von Mode, von Autos. Überall wird gestorben, überall wird für Hilfsaktionen geworben. Mit der gleichen Vehemenz, mit der kühle Manager der industriellen Welt die sogenannte dritte Welt aushungern und abknallen, engagieren sich die Ehefrauen und Mütter der Zerstörer für humanitäre Hilfe, nachdem sie ihre Männer, ihre Söhne, ihre kleinen Lieblinge gefüttert und gehätschelt haben. Der Tod ist abstrakt geworden. Wer möchte mit dem Tod in Berührung kommen? Und so selbstverständlich uns die Begegnung mit dem virtuellen Tod geworden ist, so selten ist es, daß wir mit allen Sinnen das Sterben eines Menschen begleiten und den Tod als würdevollen Abschluß des Lebens wahrnehmen.

Ich lebte zwei Jahre lang auf dem Land mit der über achtzigjährigen Tante Zenzl meiner Freundin in einer Wohnung. In dieser Zeit stieg sie aus dem Korsett der akzeptierten Realitätswahrnehmung aus. War sie früher erzkatholisch und moralisch, wurde sie jetzt blasphemisch bis zum Anschlag, rührte mit dem Kruzifix in ihrem Nachttopf herum, ließ die Unterhose auf dem Zeigefinger kreisen und machte sich halbnackt auf den Weg, hämisch lachend: Ich geh jetzt in die Kirche. Mitten in der Nacht kam sie an mein Bett, stocherte mit ihrem Gehstock an mir herum und verlangte nach Gesellschaft. Fasziniert beobachtete ich, wie sie aus einer Welt ausstieg, herausfiel, die sie ein Leben lang kontrolliert, ihre Gefühle beschnitten, ihre Lebenskraft gebrochen hatte. Jetzt, im letzten Aufbäumen, nahm sie sich die Freiheit, die sie nie gehabt hatte, nur im Angesicht des Todes konnte sie hohnlachend abwerfen, was ihr aufgepackt worden war.

Im Gegensatz zu Menschen, die sich im Leben alle Freiheiten nehmen und in den letzten Lebenstagen von der patriarchalisch-monotheistischen Gehirnwäsche eingefangen werden, noch schnell fromm werden und den Pfarrer rufen, warf Tante Zenzl dem Pfarrer allerhand an den Kopf und legte keinen gesteigerten Wert auf Errettung ihrer frei tanzenden Seele.

Sie starb im Krankenhaus, und ich fuhr hin, um mich von ihr zu verabschieden. Man hatte sie schon in eine

Plastiktüte verpackt. Ich verlangte, sie herauszunehmen, und half mit. Dann saß ich bei ihr und spürte ihre Heiterkeit, die Freiheit, die sie im Leben nie gehabt hatte. Sie war die siebte tote Person, die ich gesehen, berührt hatte.

Als ich siebzehn war, nahm ich an einem Schwesternhelferinnenkurs beim Roten Kreuz teil. In der einmonatigen Ausbildung mußten wir auch einen Nachtdienst machen. In dieser Nacht starb ein Mann an Krebs. Er starb, als ich mit dem Glas Wasser kam, das er verlangt hatte. Ich spürte, wie seine Energie aufstieg. Instinktiv fuhr ich mit den Fingern in das Glas und sprühte etwas Wasser in den Raum. Der Tod erschien mir als Befreiung der Energie vom Körper.

Der zweite starb in meinen Armen auf der Autobahn nach Mailand bei einem Massenauffahrunfall im Nebel. Wenn ich jetzt an diesen Unfall zurückdenke, erinnere ich mich vor allem an die Erleichterung, ja Heiterkeit, mit der der schwer verletzte Mann den Körper zurückließ. Und als ich vor Jahren selbst einen beinahe tödlichen Unfall hatte, verstärkte sich dieser Eindruck noch: Es wäre leichter gewesen, wegzuschweben, als in den zerstörten Körper zurückzukehren und ihn wieder zu beleben.

Tod war für mich schon lange zu einer mütterlichen Energie geworden. Zur Frau Tödin des alten Osteuropa, zur Kali, die ins Leben ruft und aus dem Leben wirft.

Auf einer Reise durch die Sahara fand ich an einem steinigen Abhang die Leiche eines Mannes. Kreisende Geier und das flirrende Surren unzähliger Fliegen hatten mich zu der Stelle gelockt. Der Verwesungsgeruch blieb tagelang in meiner Nase. Es mag seltsam klingen, aber gerade dieser grauenhafte Gestank und die Einsamkeit dieses Todes trösteten mich: Am Leben festzuhalten, auf Gesellschaft, Anerkennung, Liebe, Zuneigung, Trost zu hoffen, ist Teil des Hamsterrads, in das wir hineingestellt werden oder selbst einsteigen und das wir treten, bis uns die Kräfte verlassen. In diesem Tod sah ich zum ersten Mal die grenzenlose Freiheit, die dahinter liegt. Mag sein, daß der Körper verrottet, die Geier aufräumen, die Fliegen alles zerlegen, aber im Augenblick des Todes verlieren die Gesetze der Menschen alle Macht.

Die neuen Frankensteins der Gentechnologie arbeiten besessen am ewigen Leben und erkennen nicht, daß sie nichts weiter produzieren werden als eine Platte mit Sprung, die immer an derselben Stelle hängenbleibt, zur ewig gleichen Tonabfolge verdammt.

Meine Großmutter wartete mit dem Übergang zum Tod, bis ich mit meiner Tochter Walli aus Afrika zurückkam. Nie rufe ich zu Hause an, wenn ich auf Reisen bin, aber diesmal hatte ich das Gefühl, es unbedingt tun zu müssen. Meine Mutter sagte mir, daß die Oma im Sterben lag. Als wir an ihrem Bett standen und ihre Hand hielten, als alle Frauen unserer Familie um sie versammelt waren, starb sie. Zum ersten Mal fühlte ich das Bedürfnis, mein Sterben ins Leben einzubeziehen, das Feiern meines Abschieds von der Welt nicht dem Zufall zu überlassen. Ich fing an zu begreifen, daß das Leben ein Kunstwerk ist, das vom Tod abgerundet, ergänzt und mit vollkommener Schönheit berührt werden will.

In Tibet führte uns Tenzing, der tibetische Guide, auf dem Rückweg vom Tempelberg von Tholing über einen steilen Geröllhang. Ich war von der Schönheit, der Höhe (4600 m) und dem Zerfall dieser uralten Kultur wie benommen. Rund fünfhundert Meter unter meinen Füßen rauschte ein Fluß. Ich klammerte mich an einen Felsen und zog mich hinüber, dorthin, wo der Weg steinig und fest wurde. Wo meine Hand den Stein umklammerte, öffnete sich eine Nische. In dieser lag mit verkrümmten Händen und embryonal eingerolltem Körper die mumifizierte Leiche eines Soldaten aus dem 14. Jahrhundert. Der Blick aus den toten Augen traf mich so unerwartet, daß ich um ein Haar das Gleichgewicht verloren hätte. Um nicht abzustürzen, mußte ich die unmittelbare Nähe des Toten suchen.

Das Grinsen der mumifizierten Totenmaske war eine Provokation, Hohn, Verachtung. Ich erschrak über diesen Toten, der vor Jahrhunderten gestorben war, wie vor Jahren über das Aufleuchten der Supernova, die in Wirklichkeit schon zweihunderttausend Jahre vorher verglüht und erst jetzt sichtbar war, weil das Licht zweihunderttausend Jahre gebraucht hatte, bis es meine Augen erreichte. Die Zeit verschwand – was blieb, war Aufleuchten, Verglühen. Aufleben, Sterben.

Was aber, wenn es kein Aufleben gegeben hat? Was bedeutet das Leben, wenn es nicht lebendig war?

Als ich mich von dem schweren Unfall einigermaßen erholt hatte, erfüllte ich meinen Traum: Anstatt in die Reha zu gehen, machte ich mich auf den Weg nach Kalkutta, auf eine Wallfahrt zur Göttin Kali. Ich war so dünnhäutig und verletzlich wie nie zuvor. Meine Mutter hatte Todesangst um mich – ganz unbegründet. Niemals war ich so geschützt, getragen und gehalten wie auf dieser Reise. Selbst die Leprakranken halfen mir. Als ich vom Kalitempel Kalighat mit meiner Krücke nach Kalkutta zurückhumpelte, starb ein etwa vierjähriger Junge auf einem Mäuerchen, während ich vorbeiging. Kinder spielten in der untergehenden Sonne, eins lag auf dem Boden und schaute in den Himmel, eins rollte sich mit hohlen großen Augen zusammen, und der kleine Junge starb. Meine erste Reaktion war nicht Trauer, sondern Wut. Die

Ungerechtigkeit, die Gier, die Profitsucht und die Gleichgültigkeit, auch meine, waren mir in diesem Augenblick unerträglich.

Schlaf schlaf, sagte Kali und meinte: Stirb stirb. Ich war nicht gestorben, aber ich weiß jetzt, wie es sich anfühlen wird. Ich kannte die Schwelle, über die der kleine Junge gerade gegangen war. Und dann fühlte ich Triumph: An dieser Schwelle gibt es keine Eintrittskarte, niemand zockt dich ab, niemand stellt dir blöde Fragen, niemand macht dich an, niemand macht dir Vorschriften. Du bist allein mit dir selbst. Alle Liebsten verschwinden, alle Feinde verschwinden, alle Träume, alle Hoffnungen, jeder Kummer, jeder Haß: Spring.

Dieser Augenblick der Todesnähe zog einen Riß durch die Realität: Nichts ist da. Ich bin eine Wolke, die träumt, ein Impuls, der Heiterkeit erfindet. Seither denke ich das Ende mit, wenn ich wieder an den Anfang gehe. Tod ist Teil meines Lebens. Die Ängste, die ich früher hatte, sind verschwunden. Ich bin nicht mehr erpreßbar.

Was wäre aber, wenn es tatsächlich nur dieses Leben hier gäbe? Kein Leben nach dem Tod, keine Reinkarnation, keinen Sinn, keinen Auftrag, keine Moral. Du lebst, du stirbst – Ende. Wäre es nicht sinnvoll darüber nachzudenken, wie du dieses Leben gestaltest? Himmel und Hölle finden jetzt in diesem Leben statt. Es gibt keine Hoffnung auf ein Paradies, auf eine Belohnung für gutes Benehmen, auf göttliche Streicheleinheiten für wohltätige Aktionen. Was ist, wenn göttliche Energie nur in dir selbst existiert oder gar nicht? Wenn die Verwirklichung des Paradieses deine Aufgabe ist?

Jetzt.

Warum willst du dieses Wunderwerk, das dein Körper ist, und dieses geniale System, das dein Hirn, dein Geist, deine Seele, deine Energie ist, widerstandslos an irgend-welche Leute abtreten, die dich nur benutzen wollen? Die dich tiefgefrieren (cool, cool...), um dich bei Bedarf wie-der aufzutauen (aufgeilen, aufhetzen, aufheizen), wenn sie dich für irgendwas brauchen?

Manchmal gibt es in Romanen oder Filmen diesen Satz: Von da an hatte ich/hatte er/hatte sie nur noch ein Jahr/nur noch vier Wochen zu leben... Zuletzt sah ich das in „American Beauty".

Würde sich in deinem Leben etwas verändern, wenn du wüßtest, daß du nur noch ein Jahr, einen Monat, einen Tag leben wirst? Andererseits ist es sicher, daß du sterben wirst. Jedes Leben endet mit dem Tod. Macht es mehr Sinn, dein Leben hinzuwerfen, kraftlos, lustlos, kampflos, nur weil du glaubst, du lebst ein paar Jahre länger? Wenn du stirbst, wirst du mit dem Augenblick der Wahrheit konfrontiert: Was hast du versäumt zu tun, zu verwirkli-chen, zu sagen, aufzuschreiben?

Warte nicht bis zum Augenblick deines Todes damit, Leben in dein Leben zu rufen, damit dein Tod ein würdi-ger Abschluß sein kann.

AHNINNENRITUAL

Bei einer Fortbildung von ReligionslehrerInnen am Schliersee begann ich meinen Vortrag mit den Worten „im Namen der Mutter, der Tochter und der Weisen Alten" und sprühte ein wenig Mineralwasser über den Tisch. Es blitzte und donnerte, und das Licht ging aus, und als es wieder anging, waren alle von mir weggerückt. Mit einem Donnerschlag war die alte Göttinnentriade in die heiligen Hallen des patriarchalen Gottes zurückgekehrt.

Für uns Frauen kann der göttliche Prototyp kein Mann sein. Unsere ureigene Kraft ist keine männlich-zeugende, sondern eine weiblich-schöpferische. Wir brauchen weibliche Vorbilder und weibliche Energiefelder, um wachsen zu können. Dafür ist dieses Ahninnenritual gut.

Setz dich in einen Kreis aus Fotos, Bildern, Büchern oder Dingen, die von Frauen stammen, Frauen zeigen, die du verehrst und die schon gestorben sind. Erinnere dich, was ihr Leben ausmachte, was du von ihnen gelernt oder bekommen hast. Sprich ihre Namen aus und sag laut, was sie dir bedeuten. Du kannst dazu Kerzen anzünden und ein bißchen Salbei oder Rosmarin räuchern.

Vielleicht magst du dir auch einen kleinen Ahninnenschrein einrichten, wo Fotos oder Bilder oder Symbole der Verstorbenen stehen, die du würdigen willst. Laß dir die Triade der Tochter, der Mutter und der Alten durch den Kopf gehen. Wie sieht deine Tochterqualität aus? Was für eine Tochter warst du, bist du? Wie ist es mit deiner mütterlichen Energie? Wen bemutterst du? Was für ein Verhältnis hast du zu deiner Mutter? Wie willst du alt werden? Was willst du tun und lassen, wenn du alt bist? Wovon willst du dich befreit haben? Willst du weitergeben, was du weißt und kannst? Wem und wie?

Bei diesem Ritual kannst du dir auch ausdenken oder laut sprechen, wofür du nach deinem Tod erinnert und geachtet werden willst.

Ich bin nicht die erste
Ich bin nicht die letzte
Eingewoben
In ein Netz, das atmet und lebt
Spinne ich das Gewebe
Meines Lebens.

Du kannst auch eine Spirale aus Frauenpostkarten oder Frauenbildern auslegen, hineintanzen, Frauennamen, Göttinnennamen singen und im Hinaustanzen eines der Bilder auswählen und diese Kraft rufen. Dieses Ritual kannst du sehr gut mit mehreren Freundinnen machen. Wenn jede in die Spirale hineingetanzt ist und sich ein Bild herausgeholt hat, könnt ihr über die Kraft sprechen, die in jedem der Bilder steckt.

Der Ritualkreis kann so aufgelöst werden, daß sich alle die Hand geben und die Arme nach oben strecken, so daß der Frauenkreis eine Krone aus gestreckten Armen und verschränkten Händen bildet. Dann laßt ihr die Arme fallen und ruft: So sei es! („Was heißt, so sei es?" sagt eine Freundin. „So isses!")

Wenn wir Pech haben, sagte der bärtige Genosse 1971 beim Flugblätterverteilen vor einer Fabrik, müssen wir im Kommunismus sechzehn Stunden am Tag arbeiten.

Soviel Pech habe ich nicht, sagte ich. Das war der Augenblick, in dem meine Liebe zur sozialen Gerechtigkeit eine andere Richtung einschlug, vielleicht sogar eine konsequentere, denn ich hörte auf, mit Männern an der Veränderung der Gesellschaft zu arbeiten. Wenn du nicht Teil der Lösung bist, bist du Teil des Problems, war damals ein beliebter Spruch. Mir wurde klar: Männer und alles, was ihre Macht der Welt gebracht hat, monotheistische Religionen, Feudalismus, Sklaverei, Völkermord, Revolutionen, sind Teil des Problems. Und der Schmerz der Frauen – er ist ebenfalls Teil des Problems – ist die Basis auch der modernsten demokratischen Systeme.

Würden Frauen sich nicht so schinden und bei aller kapitalistischen Logik auf ihren Mehrwert verzichten, funktionierte kein einziger westlicher Industriestaat. Während es sich der bitterarme westafrikanische Staat Burkina Faso leistet, den Frauen des Landes einen „salaire vitale", einen Überlebenslohn zu zahlen, denkt keine europäische Regierung daran, einen Hausfrauenlohn einzuführen, obwohl die Arbeit der Frauen, die Kinderbetreuung, das soziale Feld, das von ihnen aufgebaut und gehalten wird, existenziell für jeden zivilisierten Staat ist. Und keine Frau denkt daran, alles hinzuschmeißen und Konsequenzen aus der Sklaverei zu ziehen. Warum?

Warum lassen sich Frauen mühevollsten Arbeitsdienst, die grauenvollsten Manipulationen und Gewalttaten gefallen, ohne auszubrechen? Es kann nur an der christlichen Idealisierung des Leidens liegen. Wenn Leiden adelt, wenn am Ende des Leidenswegs die „Gnade" steht, ekstatische Befreiung, kann das schon die eine oder andere Frau dazu bewegen, noch ein bißchen durchzuhalten.

Natürlich könnte eine kommen und sagen: Wozu erst leiden? Was hindert dich, gleich Freude und Ekstase zu empfinden? Ich kenne den Blick, der mir von selbst den politisch aktivsten, „freiesten" Frauen zugeworfen wird, wenn ich das sage. Wie kannst du so oberflächlich sein und nur das Schöne wollen?

Ich bin fürs Leiden nicht geboren, sagte ich dem Mann, den ich wirklich sehr liebte, als ich erfuhr, wie oft er mich betrogen und meine Gefühle verknotet hatte, indem er es abstritt. Daß ich ihn verließ, kränkte ihn nicht so sehr wie die Bemerkung, ich sei zum Leiden nicht geboren. Das fand er anmaßend und arrogant. Und doch entspricht es der Wahrheit. Instinktiv gehe ich Zerstörung, Schmerz und Leiden – vor allem da, wo es zur Methode erhoben und kunstvoll kultiviert wird – aus dem Weg.

Das heißt nicht, daß ich keine Konflikte durchstehe oder nicht auch mal eine etwas anstrengendere Situation aushalte. Im Gegenteil. Mein Leben mit allen guten Geistern, die mir die Wege ebnen, stärkt mich für Hindernisse und Gefahren, aber ich werde nicht behaupten, daß ich Hindernisse und Gefahren brauche, um „weiterzukommen". Ich habe in der vollkommenen Glückseligkeit mehr erfahren und gelernt als in Schmerz und Qualen.

Die buddhistische Weisheit, „du findest, was du mitbringst", hat natürlich einen echten Haken: Wenn du Qualen mitbringst, findest du nur Qualen, also kannst du wieder nur Qualen mitbringen. Wie durchbrichst du diesen Teufelskreis? Am Anfang der Veränderung steht die

Erkenntnis, daß es sinnvoll ist, glücklich zu sein. Schon weil wir dann die anderen nicht mit unserer schlechten Laune vergiften. Aber wie kann diese Erkenntnis eine alte Gehirnwäsche knacken?

Gehörst du nicht zu den Menschen, die artgerechte Haltung für Tiere verlangen? Die sorgfältig mit Pflanzen und Kräutern umgehen und nicht mehr Schaden anrichten, als zur Existenzsicherung nötig ist? Ich nehme mal an, du quälst keine Frösche, spießt keine Mäuse auf, reißt Fliegen nicht die Flügel aus, läßt Tiere nicht qualvoll verhungern. Findest du, daß Kinder in ihr Zimmer geschickt, dort eingesperrt werden sollen, wenn sie „unartig" waren? Entziehst du ihnen zur Strafe deine Liebe? Läßt du sie zur Strafe irgendwelche sinnlosen Dinge tun?

Sagst du zu einem Auto, das ohne Öl fährt und einen Kolbenfresser hat: Da mußt du durch? Das mußt du jetzt aushalten? Durch das Leiden wirst du stärker und reifer? Ich nehme an, wie jeder vernünftige Mensch fährst du in eine Werkstatt und versuchst den Schaden zu beheben. Schmierst das System, damit es wieder funktioniert.

Wir verweigern uns selbst die liebevolle Hingabe, die wir Tieren oder Geräten selbstverständlich zugestehen. Warum sagen wir zu einem Tier nicht: Du mußt fasten, das ist gut für deinen Körper? Du mußt dich acht Stunden reglos in einer Meditation versenken? Du mußt sechs Stunden in einer Schulbank sitzen und dem Lehrergerede zuhören? Ich habe nichts gegen Fasten, inspirierten Unterricht und gelegentliche Meditationen, ich habe etwas gegen die Selbstgerechtigkeit, mit der Kasteiungen aller Art legitimiert werden. Tiere sind keine höheren Wesen, sie wollen nicht erleuchtet werden, deshalb brauchen sie auch nicht zu fasten und zu meditieren, höre ich dich sagen. Wer sagt dir, daß Tiere nicht schon erleuchtet sind? Sie akzeptieren Qualen, wenn sie nichts dagegen tun können, aber kein Tier wird Qual freiwillig suchen und sie zur höheren Weihe deklarieren.

Wer einem Tier nichts zu essen gibt, es schlägt oder einsperrt, gilt als Tierquäler. Das Äquivalent in der Menschenwelt heißt Eltern. Schließlich soll aus den Kindern was werden. Nur was? Was aus Kindern geworden ist, können wir am spirituellen Stand der Menschheit ablesen. Ein Haufen gequälter, gestresster, vergnügungssüchtiger, verhungernder, gewalttätiger, feiger, neidischer, eifersüchtiger, haßerfüllter, hilfloser Individuen.

Und überall werkeln Frauen, die das Leiden verherrlichen, verharmlosen, zur Initiation veredeln. Initiation in was? In neues Leid. Ich leide, das gibt mir Recht. Ich leide, also bin ich. Ich leide, also kann ich den anderen etwas vorwerfen. Ich bin die Gerechte, wer nicht leidet, ist ungerecht, oberflächlich, wird nie erleuchtet sein.

Ich kann nicht bestätigen, daß es Armut und Enge braucht, um gut zu arbeiten. Ich finde, meine Bücher und Bilder sind besser geworden, seit ich Zeit und etwas Geld habe, mehr auszuprobieren, nachzudenken, zu spinnen, zu träumen. Im Schweiße deines Angesichts sollst du dein Brot essen? Ich esse lieber Croissants zum Tee im Bett und schwitze dabei nie. Ich habe nämlich begriffen, daß die, die ihre Nahrung mit bitterem Schweiß verdienen, die anderen mitziehen, die – im Gegensatz zu mir – nicht damit zufrieden sind, Croissants im Bett zu essen, sondern ihr ganzes Leben auf den Schultern anderer aufbauen.

Wir waren arm, als ich ein Kind war, meine Mutter verdiente wenig Geld und erzog ihre beiden Töchter mit Hilfe der Oma. Bis ich fünfzehn war, hatten wir keinen Fernseher, Fleisch gab es, wenn überhaupt, nur am Sonntag, und Kleidung bekamen wir von Cousinen und

Freundinnen meiner Mutter. Ich könnte das alles verklären und sagen: Aber es war wunderbar, einen Teebeutel in einen Liter Wasser zu hängen.

Tatsache ist, daß ich auch heute einen Teebeutel in einen Liter Wasser hängen kann, wenn mir danach ist. Warum romantisieren, was nicht romantisch ist? Das Lachen der Frauen begleitet mich auch heute durch meinen Alltag, der nicht mehr von existenziellen Ängsten durchzogen ist. Warum sollte ich mich nach der Armut, dem G'frett, wie wir in Bayern sagen, sehnen? Ich ging viel zu Fuß als Kind, als junges Mädchen. An ein Auto war nicht zu denken. Aber warum sollte ich das idealisieren? Ich weiß, wie schön es ist, mit den Füßen den Boden zu berühren, das kann ich auch mit etwas mehr Geld, und vielleicht kann ich es sogar mehr genießen. Jedenfalls bin ich sicher, daß eine Afrikanerin, die kein Geld für Schuhe hat, nicht mehr Spaß am Barfußlaufen hat als ich.

Ich bin durch viele Schmerzzustände gegangen, aber ich würde nicht behaupten, daß sie mich zu der gemacht haben, die ich heute bin. Ich war immer die, die ich bin, und die Schmerzen haben vielleicht sogar verhindert, daß ich früher in meiner Mitte ankam.

Es heißt ja immer, daß Armut kreativ macht. Kann ich nicht bestätigen. Außerdem gilt als erwiesen, daß Überbevölkerung aus dem verzweifelten Versuch der Eltern stammt, Sicherheit für ihr Alter zu schaffen. Länder, in denen die Bevölkerung relativ gut abgesichert ist, haben einen Geburtenrückgang. Das spricht wohl nicht für die Romantisierung der Armut.

Auch mit diszipliniertem Durchhalten kann ich nichts anfangen. Meine Beweglichkeit habe ich durch Lust an der Bewegung erreicht, durch Neugier, wie weit ich meinen Körper dehnen kann, und durch das Bedürfnis, meinen Körper wirklich kennenzulernen. Als ich bei einem koreanischen Karate-Meister eine Probestunde machte, stellte ich fest, daß ich einerseits beweglicher war als die meisten SchülerInnen, andererseits langweilte mich der Drill mit der Trillerpfeife schon nach einer Stunde. Wahre Meisterschaft kommt aus der Lust, weiterzugehen, nicht aus dem Angetriebenwerden und die eigene Verantwortung, die eigene Entscheidung Abgeben. Spirituelles Wachstum und Körperbewußtheit gehen für mich Hand in Hand. Ich habe mal über ein Jahr bei Siemens am Fließband gearbeitet, da habe ich kapiert: Ich brauche keinen Meister, der mich antreibt.

Psychofachleute wissen, daß wir uns Gewalt eher gefallen lassen und rationalisieren, wenn wir sie von Kindheit an gewöhnt sind, weil wir nichts mehr fürchten als die Veränderung. Lieber einen schlagenden Mann ertragen als in die Ungewißheit eines freien Lebens springen.

Wie schaffen es Zoowärter, Geparden am Fliehen zu hindern? Geparden sind schnelle Tiere, sie können weit springen. Der mickrige Graben, der das Gehege der meisten Geparden umschließt, wäre kein wirkliches Hindernis für sie. Die Wärter schaffen es mit zwei Methoden.

Sie brechen den Willen der Tiere durch Gewalt.

Sie radieren die Erinnerung an die Freiheit aus.

Es lohnt sich, kurz über diese beiden Methoden nachzudenken, weil sie zivilisatorische Grund-Werkzeuge sind. Bei Menschen kommt noch eine dritte dazu, die Anweisung zur Selbstzensur.

Die Werte werden eingegeben und mit Strafen und Drohungen, Schmerz und Qualen durchgesetzt. Wenn sie im System verankert sind, wird die freiwillige Selbstkontrolle durchgezogen. Wenn du vernünftig bist, hältst du die Regeln ein. Alles andere führt zu Chaos und Anarchie.

Frauen können mit wenigen sehr wirksamen Sätzen zurück auf Linie getrimmt werden:

Du siehst häßlich aus, wenn du eine Wut hast.

Du bist nicht sozial.

Du bist egoistisch (egozentrisch).

Du bist unsensibel und kannst dich in andere Menschen nicht hineindenken.

Du bist nicht anpassungsfähig, aufsässig, streitsüchtig.

Die vorher eingegebenen Hypnosen sind: Mädchen dürfen nicht häßlich sein, müssen anderen helfen und die Menschen lieben, höflich sein, freundlich sein, freiwillig Arbeiten übernehmen, keinen Lohn dafür erwarten oder gar verlangen, immer an andere denken, sich selbst nicht wichtig nehmen, die Stimmungen anderer vorwegnehmen und klug gegensteuern, wo nötig, das ist nämlich die besondere Qualität von Frauen, die du gefälligst kultivierst, weil du sonst keine wirkliche Frau bist.

Mädchen müssen sich anpassen, den Mund halten – nichts Schlimmeres gibt es, als wenn ein Mann von einer Frau sagt: Bei der muß man das Mundwerk extra erschlagen, wenn sie stirbt. Habe ich oft gehört.

All diese Anpassungscodes, die Frauen integrieren müssen, gelten für den Umgang mit Erwachsenen, solange die Frau jung ist, und für den Umgang mit Männern und Vorgesetzten, wenn die Frau erwachsen ist. Sie dienen also der benutzerfreundlichen Handhabung. Frauen werden benutzerfreundlich eingearbeitet.

Ist ja auch sinnvoll, weil sie sonst dem System ihre unbezahlten Dienste verweigern könnten. Was zum Zusammenbruch desselben führen würde, wie Politiker und Politikerinnen glaubwürdig versichern.

Manchmal höre ich in öffentlichen Verkehrsmitteln, wie Eltern ihre Kinder anschreien: Du Trampel, paß doch auf! Bist du ungeschickt! Alles fällt dir runter! Naja, schön bist du nicht, aber irgendeiner wird dich schon nehmen!

Im Beisein der Kinder reden Erwachsene in aller Öffentlichkeit abfällig und indiskret von deren Schwächen, die Kinder schauen unglücklich drein, in zehn Jahren wissen sie davon nichts mehr. Das Problem mit Kindheitshypnosen ist, daß wir uns nicht erinnern. Sie fallen in den ersten Lebensjahren mit gewisser Regelmäßigkeit. Später kommen neue dazu, alte fallen weg. Wer erinnert sich, was Mutter oder Vater dem zweijährigen Kind sagten? Gewalt und Verachtung von damals hängen wie eine Wolke über dem Bewußtsein, liegen als dunkler Keller unter den beleuchteten Räumen des erwachsenen Lebens.

Nicht das Denken unterscheidet uns von den Tieren. Denken und fühlen können Tiere auf ihre Art vermutlich genauso wie wir. Was uns unterscheidet, ist der Haß. Es gibt auf der Erde außer dem Menschen kein Wesen, das hassen kann. Ich vermute sogar, daß es im Universum keinen Haß wie den der Menschen gibt. Haß entsteht durch ständige Verletzungen, die nicht heilen können, die irgendwann ein Ventil finden und ihr zerstörerisches Werk nach außen tragen. Solidarität und Gemeinschaft erleben auch Tiere. Elefanten stehen sich im Tod bei, Geparden helfen sich aus schwierigen Situationen, Katzen schmusen miteinander, Hunde schulen sich gegenseitig, Hühner unterweisen ihre Küken, all das ist kein bißchen menschlich. Der Haß hebt uns aus allen Wesen hervor wie unheilvoll schimmernde Leuchttürme der Zivilisation.

Die meisten Kindheitshypnosen sind vom Haß geprägt, gestaltet, werden durch Haß neu geformt und weitergegeben. Erst jetzt sehe ich die zerstörerische Wirkung des Hasses, den ich nach dem sexuellen Mißbrauch durch meinen Vater jahrzehntelang kultivierte. Haß auf männliche Gewalt, der sich allerdings im Lauf der Zeit auflöste: Die Erkenntnis der Kindheitshypnose weichte den Haß auf, wich der Trauer um das verlorene Vertrauen, kehrte zurück zum ursprünglichen Schmerz und blieb dort eine Erinnerung, die heilt.

Vor ein paar Jahren ging unsere liebe Frau von den Krokodilstränen, Maria Schell, in Rente, und das Fernsehpublikum bekam neue, härter gestrickte Schmalznudeln präsentiert. Haben öffentliche Frauen überhaupt eine Wirkung auf die Prägung des Frauenbildes in Männerköpfen, auf die Definition der Identifikation in Frauenköpfen?

An der Hartnäckigkeit der sexistischen Darstellung von Frauen im öffentlichen Raum merkt man tatsächlich, wie hoch die Signalwirkung eingeschätzt wird. Eine Frau wie Verona Feldbusch wird nicht zufällig zum Star. Da kommt eine explizite Botschaft mit: Wir hätten dich gern attraktiv, vollbusig, strahlend, lachend. Mach bloß kein' Stress, und ein bißchen blöd schadet auch nix (daß Verona Feldbusch kein bißchen blöd ist, interessiert den geistig unterversorgten Mann von der Straße nicht, der ja Intelligenz von Blödheit gar nicht unterscheiden kann).

Frauen surfen auf einer engen Bahn des erwünschten Frauenbildes, die rechts und links steil abfällt. Bist du jung, dann bist du besser sexy. Diese tumbe Forderung hatte sich jahrelang in den Keller verzogen, aber mit dem Aufblühen des neuen Machismo, an dem die Rap- und Hiphop-Kultur mit den pseudoreligiösen und ultrakonservativen neuen Männern nicht unschuldig ist, werden die Frauen wieder in die Fortpflanzungsabteilung versetzt. Begattung ist alles, Denken, Philosophieren, Differenzieren – was war das gleich wieder?

Natürlich sind die Frauen nicht so blöd, das voll zu übernehmen. Aber in dem Maß, wie sie pflegeleicht sein sollen, weil ihnen die Männer sonst nicht gewachsen sind, wächst auch die Zahl der frustrierten Frauen, die für ihr Idealbild von Beziehung keinen passenden Partner mehr finden. Also was nützt das starke Vorbild einer Pippi Langstrumpf (erstaunlich viele Frauen, die ich kenne, nennen sie als ihr erstes Idol), wenn eine Schuhcreme essen, mit einem Pferd in einer Villa leben, dazu aber auch einen netten Ehemann und Kinder will?

Entscheidend für das Aufblühen meiner Imagination waren Frauen wie Friedl (die Freundin meiner Oma) und Miggi und Helly (Freundinnen meiner Mutter). Friedl war mit einem italienischen Sozialisten verheiratet, der mit ihr durch Italien und Nordafrika reiste und schließlich von den Nazis umgebracht wurde. Friedl war häßlich, unerschrocken, verträumt. Ich liebte und bewunderte sie. Sie arbeitete bei den Amerikanern und brachte uns Schokolade und Kakao mit. Sie akzeptierte meine Schwester und mich so, wie wir waren. Für sie mußten wir keine Kunststücke machen, uns nicht produzieren und schön anziehen. Wenn sie kam, wurde es lustig. Meine Oma blühte auf. Sie erzählte von Afrika. Ein Foto von ihr auf einem Kamel in Libyen gehört zu den Fetischen meiner Kindheit und liegt noch heute auf meinem Schreibtisch.

Helly hatte ziemlich viele Kinder und war nach Paris ausgewandert, wo sie nach dem Scheitern ihrer Ehe mit einem Franzosen blieb und für Modehäuser nähte. Sie lebte im Armenviertel von Paris mit algerischen und afrikanischen Familien zusammen, die auf jedem Stockwerk des heruntergekommenen Mietshauses nur eine Toilette hatten. Wenn Helly angerufen wurde, versammelten sich meine Mutter und ihre Freundinnen ums öffentliche Telefon, später um das Telefon meiner Mutter, und alle lachten und kicherten und riefen in den Hörer hinein.

Miggi war und ist die beste Freundin meiner Mutter. Als junges Mädchen war sie die totale Außenseiterin, weil ihre Eltern bettelarm waren. Meine Mutter, Tochter eines wohlhabenden Seilermeisters mit eigener Werkstatt, integrierte die arme Miggi in ihre Clique. Als meine Mutter nach gescheiterter Ehe mit ihren beiden Töchtern wieder auf die Füße zu kommen versuchte, half Miggi ihr. Sie nähte uns Kleider, am Sonntag tranken wir nachmittags bei ihr Kakao und aßen ihren Kuchen mit acht Eiern, wonach uns, so wenig waren wir gewöhnt, regelmäßig schlecht wurde. Abends saß sie oft bei meiner Mutter und meiner Oma und spielte mit ihnen Karten. Noch heute finde ich eindrucksvoll an ihr, daß sie niemals jemanden beurteilte. Sie gab über Menschen keine Meinung ab. Sie nahm sie wahr und sagte, was sie von einem Thema hielt, aber niemals hörte ich sie einen Menschen kritisieren. Ich glaube, sie ging einfach davon aus, daß jeder Mensch für alles die eigenen Gründe hat.

Frauenlachen war das Wiegenlied meiner Kindheit. Stärker als destruktive Befehle fielen mir Hypnosen ein, die mich stärkten: Auf Frauen kannst du dich verlassen, auch wenn sie streiten und keifen. Freundinnen sind das Wichtigste im Leben. Es gibt nichts Lustigeres, als mit Frauen zu leben, zu reden, zu spielen und zu reisen.

Meine Großmutter hielt nicht viel von Ärzten und anderen männlichen Respektspersonen. Sie regelte Probleme auf ihre Art, was dazu führte, daß meine Schwester und ich bei Krankheiten bis zum Anschlag mit Omas Hausmitteln traktiert wurden – erfolgreich. Auch das setzte sich als Basisprogramm bei mir fest: Krankheiten vergehen. Katastrophen werden gemeistert. Unlösbare Probleme gibt es nicht (sonst hätten meine Schwester und ich das Erwachsenenalter gar nicht erreicht).

In unseren Körpern hat sich eine beunruhigende Entwicklung vollzogen: Schmerz ist nicht mehr die Sprache des Körpers, um uns zu warnen, uns ein Zeichen zu geben. Schmerz ist Selbstzweck, Veredelung, Sinn des Lebens geworden. Die Kirche hat ganze Arbeit geleistet. Nur wer leidet, möglichst wie Jesus am Kreuz, findet Anerkennung und am Ende auch Seelenheil, was immer das ist. Darüber könnten wir herzlich lachen und es vergessen. Leider ist es nicht so einfach. Wenn der Schmerz die Meßlatte für „richtiges" und „falsches" Leben ist, kannst du zwar dieses Maß ablehnen, dich dagegen wehren, aber Schmerz und Leiden bleiben im Bewußtsein als treibende Kraft, als Korrektiv, als Strafe für ausschweifendes Leben, als bitterer Endpunkt für Leichtsinn, als Läuterung – wer hätte das nicht verinnerlicht? Schönheit muß leiden? Glück und Schmerz sind nah beieinander...

Andererseits wird der Körper ständig abgehorcht: Tut mir was weh? Bin ich schwer krank? Sterbe ich demnächst? Dieses süchtige Horchen auf etwaige Krankheiten und Leiden ist eine Art Beschäftigungstherapie. Über Krankheiten kommunizieren wir, Arztbesuche sind soziale Ereignisse. Über Krankenhausaufenthalte sprechen wir wie alte Kämpfer über Kriegserlebnisse mit anschließender Tapferkeitsmedaille – die meisten Berichte über erlittene körperliche Qualen enden damit, wie stark, wie mutig, wie ungewöhnlich zäh die erzählende Person war, wie gut alles verheilt ist (wenn nicht der Arzt „gepfuscht" hat, das gibt dann wieder Stoff für neue Geschichten). Wer nicht zum Arzt geht, wer Symptome irgendeiner Krankheit nicht sofort überprüfen läßt, ist nicht normal.

Schmerz scheint uns Würde zu geben, als erwachsene reife Menschen auszuzeichnen. Daß wir uns im unendlichen Kreislauf des Leidens einrichten, wird lobend anerkannt. Gleichzeitig sind wir von den Leidensgeschichten anderer genervt. Den scharfen, gnadenlosen Blick haben wir eben nur auf fremdes Leiden.

Wenn irgendwo ein Verkehrsstau ist, merken wir sofort, daß die Störung aufgelöst werden sollte. Wir idealisieren den Stau nicht. Wir sagen nicht, Zivilisation muß wehtun. Nein, eigentlich sind sich alle einig, daß es schön ist, wenn alles problemlos funktioniert. Wir haben alle unterschiedlich hohe Toleranzschwellen, was Behinderungen angeht, die einen regen sich sofort auf, wenn's irgendwo laut ist, wenn sie irgendwo nicht durchfahren können. Die anderen lächeln und warten, bis es vergeht.

Ganz anders mit dem Körper. Wenn eine Behinderung, ein Schaden, eine Störung auftauchen, öffnet sich im Hirn eine kleine unterversorgte Abteilung, die für sauertöpfische Moral, religiösen Eifer und Besserwisserei zuständig ist. Triumphierend kommen kleine Dampfwolken heraus: Das ist die Quittung für dein ausschweifendes Leben. Leiden bringt Erkenntnisse, nur durch Leiden werden wir rein? „Ich wußte es – das muß ich noch büßen!"

Manchmal bei Lesungen, wenn ich die christlichen Koordinaten frech durcheinanderbringe, sehe ich in entzückten Gesichtern auch den leisen Schrecken: Hoffentlich merkt Gott nicht, daß ich dabei war und gelacht habe! Get real! Werde erwachsen. Aber wenn ich sage, kündige Gott, such dir bessere Helferwesen und BeraterInnen, reißt du doch wieder die Augen auf und kriegst Angst. Kann man Gott kündigen? Merkst du, wie tief die Gehirnwäsche geht?

Es ist schon eine seltsam schizophrene Situation, in die uns die christliche Zivilisation gedrängt hat. Wir sollen anerkennen, daß der Körper der schmutzige Teil des Gesamtkunstwerks und dem edlen Geist unterzuordnen ist.

Daß wir die Bedürfnisse des Körpers nur ja nicht zu willig befriedigen sollen. Daß Genuß seinen Preis hat. Immer muß auf Hingabe, Lust, Öffnung gleich die Strafe folgen. Was wäre, wenn es keine Strafe gibt? Wenn es überhaupt keine übergeordnete Instanz gibt? Wenn wir unsere Lebenszeit und Energie damit vergeuden, auf eine höhere Energie zu hoffen, die anerkennen wird, daß wir uns geschunden, uns Genüsse versagt haben?

Was ist, wenn es nichts gibt als Jetzt? Reicht es dir dann auch noch? Was machst du aus deinem Körper? Mit deinen Sinnen? Bist du denn überhaupt bei Sinnen? Oder gibt es dieses Virusprogramm: Das darfst du nicht empfinden, also lösche es. Da ist deine Grenze, also mach dich kleiner.

Was du damit machen sollst?

Lösche es.

Soll dieses Programm wirklich in den Papierkorb?

Ja.

Wollen Sie den Papierkorb wirklich leeren.

Ja.

Jetzt.

RITUAL

Visionssuche in der Stadt
Nimm dir einen Tag frei und gestalte ihn im Sinn einer Visionssuche, das heißt: Fang mit einem gründlichen Bad an, trink Kräutertee, der dich wach macht und deine Sinne öffnet, zum Beispiel Ingwertee oder ayurvedischen Tee, aber auch Eisenkraut mit Salbei eignet sich gut.

Dann rasselst oder trommelst oder singst du ein wenig und konzentrierst dich darauf, daß du Zeichen finden willst. Ein Zeichen kann etwas sehr Banales sein, ein Satz, den du hörst, eine Zeitungsüberschrift, ein weggeworfener Zettel, die Zahlen einer Autonummer, ein Lied...

Dann kannst du einen Schmuck anlegen, den du gern hast, ein Amulett oder einen Talisman umhängen und Kleidungsstücke anziehen, deren Farben oder Material du besonders gern magst. Dann machst du dich auf den Weg. Du kannst Wege in der Stadt, oder wo du eben wohnst, gehen, die du sonst auch gehst. Nur achtest du jetzt auf alles, was dir begegnet. Auf Vögel, Tiere, Menschen, Ereignisse. Sei ganz wach wie eine Jägerin auf der Pirsch. Du begibst dich auf eine besondere Jagd. Du willst eine spirituelle Energie einfangen, die deine Wahrnehmung öffnet, dir Botschaften oder Zeichen bringt.

Geh, solange du Lust hast, und kehr dann zurück zu deiner Wohnung, deinem Haus. Beschließe die Visionssuche, indem du deine Zeichen betrachtest, dir alles durch den Kopf gehen läßt und das Gefundene für dich deutest. Du kannst auch Freundinnen anrufen und sie (wenn das zu deinen Funden gehört) fragen: Was ist für dich die Zahl vier? Was ist die Bedeutung einer Walnuß?

Es ist wichtig, daß du selbst zu einer abschließenden Deutung deiner Visionssuche kommst. Du gibst dir sozusagen selbst einen Orakelspruch mit, der gefundene Pflanzen, Zahlen oder Worte zu einer Bedeutung formuliert, der ein Tier, dem du begegnet bist, zu deinem verbündeten Tier macht.

Spielerisch verwandelst du so nicht nur dein eigenes Kraftfeld, sondern öffnest auch Übergänge zu neuen, nie gekannten Dimensionen der alltäglichen Realität. Auch die Orte, die du besucht hast, verändern sich jetzt. Du erkennst ihre tieferen spirituellen Schichten. Du lernst so den Ort, an dem du lebst, immer wieder neu kennen.

Schneewittchens Stiefmutter – sie muß es gewesen sein, die den Stiefmüttern der Welt diese schlechte PR eingebracht hat – stellte sich vor den Spiegel, und der sprach: Frau Königin, Ihr seid zwar relativ hübsch, aber die ersten Falten ziehen auf, und habt Ihr nicht eine gewisse Menopausenverbitterung um den Mund... Hör auf! schrie die Königin. Die Konkurrenz ist nicht weit, flüsterte der grausame Zauberspiegel, der eigentlich nur aussprach, was die Königin am meisten fürchtete: Schneewittchen, das blühende Leben, jung, schön, knackig und begehrt, ist tausendmal schöner als Ihr.

Natürlich brauchen wir einen Zauberspiegel so nötig wie einen Kopfschuß, aber sie hatte nun mal keinen anderen.

Da zählte die Lebenserfahrung, das Wissen, das sie im Lauf ihres Lebens erworben hatte, gar nichts mehr. Die Königin wechselte die Farbe, wir wissen wie. Gelb vor Neid wurde sie. Mordgedanken stiegen in ihr auf. Und obwohl sie alles tat, um das besagte blühende Leben zu vernichten, verlor sie den Kampf, den jede von uns verlieren würde, wäre sie so blöd, ihn überhaupt zu führen.

Schneewittchens Stiefmutter fühlte und dachte, was auch uns nicht fremd ist: Zum Teufel mit den inneren Werten! Warum bin ich nicht mehr jung, schön und energiegeladen? Warum fängt meine Haut zu runzeln an? O nein, wir sagen das meistens nicht laut. Das wäre nicht cool. Wir spielen unsere Erfahrungen aus und präsentieren uns im besten Licht, aber aus allen Poren tropft der Neid, mit zähflüssigen giftigen Worten entweicht er unseren Mündern, und da sieht schnell mal eine junge Frau „billig" aus, und eine andere, „die Arme", zieht sich „total unbeholfen" an, und „wenn die wüßte, wie Männer das abstößt". Solche Sätze höre ich auch von sehr bewußten älteren Frauen, schlimmer noch sind Urteile, die ins alte patriarchale Horn blasen von wegen, die jungen Frauen haben keinen Verstand, sind nicht bei Bewußtsein und haben von nichts eine Ahnung. Da fehlt nur noch: blond und blöd. Neid eben.

Ich kenne diesen Neid auch, zum Beispiel auf die junge verschwitzte Frau, die auch zerzaust und verpennt noch göttlich aussieht.

Wie ich dich um dein Selbstvertrauen, dein Bewußtsein, deine Souveränität beneide, sagte die Tochter einer Freundin zu mir, die gerade eine Woche Psychoterror mit ihrem Freund und drei Tage in der Psychiatrie hinter sich hatte. Ja klar, ich bin auch froh, daß ein Mann mich nicht mehr in die Gewitterzonen des Lebens drängen kann. Und natürlich lasse ich mich von einem Mann nicht mehr unterdrücken. Dieser Neid ist kein Neid, sondern nur die Sehnsucht nach einem Ende der Qualen.

Neid ist eine kreative Energie, behauptet eine meiner Freundinnen. Du erfährst, was du wirklich willst, was du dir im Innersten wünscht, und kannst darauf hinarbeiten.

Neid ist zerstörerisch, sagt die Frau, bei der ich meine Zeitungen kaufe, du merkst, daß du etwas nie haben wirst, nicht kannst, nie erreichen wirst. Diese aussichtslose Energie drückt sich im Neid aus. Neid macht gemein.

Also ich bin überhaupt nicht neidisch, sagte die Bedienung aus dem Café, die gerade im Laden stand, als wir uns unterhielten. Wenn ich neidisch wäre, würde ich mir das verschaffen, was mich neidisch macht, und schon wär's erledigt.

Über mich wurde ein Film gemacht, sagte die Nachbarin. Wenn Sie neidisch wären, was würden Sie machen?

Auf so was Doofes wäre ich nie neidisch, blaffte die Bedienung. Damit brauchen Sie wirklich nicht anzugeben.

Eben. Sag ich doch. Neidisch.

Oder nehmen wir mich: Ich rauche wenig, trinke kaum, gehe relativ früh schlafen, wenn ich nicht gerade meine ekstatischen Tanzattacken habe und erst um vier nach Hause krieche. Ich lebe also ziemlich gesund. Mein Sex-Leben ist unterhaltend, befriedigend, nicht zu anstrengend. Ich habe wunderbare Freundinnen, bin nicht sehr ehrgeizig und doch einigermaßen erfolgreich. Vor allem tue ich im Leben das, was mir am meisten Spaß macht (my passion is my profession). Da möchte man doch denken, daß ich blendend aussehe und über nichts zu klagen habe. Von wegen. Manchmal sehe ich aus, als hätte ich eine Entziehungskur hinter mir. Morgens krieche ich gelegentlich steif aus dem Bett, obwohl ich täglich Yoga mache und sehr beweglich bin. Ich habe zwar kaum graue Haare, aber dafür sind sie dünner geworden.

Und jetzt erzähle ich dir von meiner Freundin Donatella: Sie raucht, sie trinkt viel, ißt gern, auch Fleisch, haut sich die Nächte mit anstrengenden Leuten um die Ohren, und Yoga ist ihr fremd. Sie schläft immer zuwenig. Und jetzt kommt es: Sie ist zehn Jahre älter als ich und sieht blendend aus. Und da soll eine nicht neidisch werden? Meine Mutter sagt dazu unbekümmert: Jede soll nach ihrer Façon selig werden.

Kennst du das Gefühl? Es steigt urplötzlich im Raum auf. Zuerst ist es außerhalb, irgendwo in der Luft. Dann ergreift es Besitz von den Mundwinkeln und läßt die Lippen lang und schmal werden. Es wandert in die Lungen, wo es Atemluft absaugt. Es läßt die Haut erblassen, die Finger verkrampfen, die Füße werden kalt, und im Kopf wird's richtig eng. Ein Schrei möchte dem Mund entfahren. Er wird hinuntergeschluckt, wo er in kleine scharfkantige Rechtfertigungsfragmente zerfällt: Sie ist fett. Sie säuft. Sie hat das nur aufgrund von Protektion bekommen (ich will auch protegiert werden!). Sie kann nicht schreiben (aber so gut skifahren...).

Dieses peinliche, peinvolle, unaussprechliche Gefühl Neid drängt alle Glücksmomente, alle Fähigkeiten zurück. Sie schrumpfen und fangen an zu faulen. Erst als ich mich mit Neid, mit meinen eigenen Neidgefühlen bewußt beschäftigte, merkte ich, wie viele Gespräche verkappte Neid-Entladungen sind.

Neid und Eifersucht gehören zusammen, sagt Margarethe von Trotta, eine meiner ältesten Freundinnen. Ist Neid eigentlich eine Todsünde? Wir sind nicht katholisch genug, um das klären zu können, und rufen ihren Freund in Rom an. Invidia? fragt er. Certo. Un peccato mortale. Eine Todsünde.

Es ist vielleicht bezeichnend, daß im Französischen *envie* sowohl Neid als auch Lust heißt. Gehören Neid und Lust zusammen? Ist Neid die giftige Schwester der Lust?

Invidia ist in der römischen Mythologie die Tochter von Pallas und Styx, dem Unterweltsfluß, eine Unterweltsgöttin, „im untersten Thale des Orcus, der Unterwelt versteckt, in nie besonnter, nie gelüfteter Wohnung hausend, vom Froste starrend, stets der Flamme beraubt und vom Dunkel umnachtet, an Natternfleisch nagend und leckend mit von Gift umflossener Zunge" – soweit Vollmers Wörterbuch der Mythologie.

Es ist ein Verdienst der Frauenbewegung, der Arbeit mit Frauen und des bewußten Umgangs mit unseren

Hoffnungen, Ängsten, Träumen und Sehnsüchten, daß der Neid in mir eine neue Qualität bekommen hat. Indem ich mir klarmache, was mich neidisch macht, indem ich das düstere, nie gelüftete, vor Kälte starrende giftige Gefühl ans Licht bringe, erkenne ich, was ich brauche.

Als ich ein Kind war, gab es für mich nichts Schöneres als Fronleichnamsprozessionen. Leider war ich nicht katholisch und durfte nicht mitgehen. Im Fasching, in der wilden Zeit, wurden meine Haare mit der Brennschere zu Locken gewickelt, und ich fühlte mich so atemberaubend schön, daß ich kaum zu atmen wagte. Zu Fronleichnam wurden leider nur die anderen so geschmückt. Da stand ich am Straßenrand und mußte mit ansehen, wie meine katholischen Feindinnen wundervoll weiß gekleidet, frisch gelockt und blumenbekränzt in Weihrauchwolken gehüllt „Meerstern ich dich grüße" sangen.

Ich versteckte mich, blaß vor Neid. Wieder kam Fronleichnam. Gerti – selbstverständlich war sie nicht meine Freundin, so eine Freundin hätte ich nie haben wollen – Gerti also wanzte sich an mich heran und flüsterte: Ich krieg ein neues Kleid. Mir schwante nichts Gutes. Für was denn? fragte ich, die immer nur Kleider von anderen auftragen durfte, die meistens auch noch zu groß waren.

Na, für Fronleichnam, sagte Gerti stolz, für die Prozession, damit ich protzen kann.

Ist Neid nicht hauptsächlich ein Gefühl zwischen Frauen? meint meine Tochter Walli. Ja, es scheint so, als äußere sich Neid bei Männern anders, als Konkurrenzkampf, Revierkampf, in Angebereien, im Aufplustern und Krähen. Neid ist die geheime Dynamik zwischen Schwestern. Denn wie die Journalistin Gabriella Turnaturi feststellt: Wir sind nicht auf die Königin von England oder auf Cathérine Deneuve neidisch, vorausgesetzt sie sind nicht unsere Schwestern oder Kolleginnen, sondern auf konkrete Personen in unserer unmittelbaren Umgebung.

Neid kann anregend sein, kann bewirken, daß wir uns das erarbeiten oder wenigstens erträumen, was wir wirklich wollen. Aber Neid kann auch die ultimative Einbahnstraße, das Ende unserer Hoffnungen werden. Wer dem Neid nachgibt und ihn zu Haß verkrustet, ist verloren.

Nichts hat mich als Kind mehr beeindruckt als das Märchen von der schönen Wassilissa, die von der Mutter, bevor die stirbt, eine Zauberpuppe geschenkt bekommt. Eine neue Frau kommt ins Haus und bringt zwei Töchter mit, die der schönen Wassilissa nicht die Butter auf dem Brot gönnen. Sie lassen sie schwere Arbeit tun, während sie faulenzen, und schicken sie schließlich sogar in den Zauberwald, um bei Babayaga Licht zu holen.

Wie wir alle wissen, ist Babayaga die Urmutter aller Zauberinnen, die Großmutter der Welt, die Hüterin des Tages (weiß), des Sonnenuntergangs (rot) und der Nacht (schwarz). Sie lebt in einem Häuschen, das sich auf einem Hahnenfuß mit der Sonne dreht. Die Klinke an ihrem Gartentürchen ist ein kleiner Fingerknochen. Wassilissa schafft es, die Aufgaben der Babayaga zu lösen, und bekommt eine besondere Art von „Licht" mit, einen Schädel, der alle Menschen, die nicht reinen Herzens sind, zu Asche verbrennt.

Hier habe ich einen Einwand, ich frage mich, wieso es dann überhaupt noch Menschen gibt. Egal, die Schwestern und die Stiefmutter verbrennen, der Schädel würde die Sitzungsräume von Frauenprojekten, Friseursalons, Modehäuser, Cafés leerbrennen. Und sollte dieser Schädel mal in meine Wohnung gelangen, wird mein letzter Gedanke sein: Wie soll eine in dieser Welt voll Ungerechtigkeit und Gewalt reinen Herzens sein?

Natürlich identifizierte ich mich mit Wassilissa, aber schon als Kind hatte ich ein ungutes Gefühl, wenn Frauen, egal welche, diffamiert wurden. All diesen Hexen, Stiefmüttern, Stiefschwestern, alten Frauen, die da so gemein niedergemacht wurden, floß meine heimliche Liebe zu. Kein Wunder, daß die Schwestern neidisch waren: Entwurzelt kamen sie in ein fremdes Haus, wo ein Mädchen lebte, aus deren Arsch die Sonne schien, das einfach nichts falsch machen konnte und obendrein noch eine Zauberpuppe besaß. Und genau wie bei Aschenputtel und ihren neidischen Schwestern, bei Goldmarie und Pechmarie wünschte und erträumte ich mir ein Happy end. Alle sollten sich aussprechen und versöhnen. Wassilissa sollte die Puppe mal ausleihen. Aschenputtel sollte ihre Schwestern zum Aschewühlen überreden und ihnen zeigen, wie lustvoll das sein kann. Und sie sollte sie in die Geheimnisse des Haselstrauchs einweihen. Frauenbewegung im Märchen! In meinem Harmoniebedürfnis begriff ich, daß Neid eine weiche Hängematte und liebevolle Auflösung braucht.

Ich konnte sie einfach nicht mehr sehen, klagte eine Freundin. Morgens kam sie gutgelaunt zum Frühstück, alles gelang ihr, in der Post lagen aufregende Angebote und begeisterte Briefe von Menschen, die sie liebten. Und ich saß da, kaute mein Grünkernpflanzerl und bekam nur Rechnungen. Ich erhöhte ihr die Miete, was zur Folge hatte, daß sie einen besser bezahlten Job bekam. Ich holte eine Katze ins Haus, weil ich nicht den Mut hatte, sie rauszuschmeißen – sie hatte eine Katzenallergie –, was glaubst du, mit der Zeit liebte sie die Katze so sehr und umgekehrt, daß die Allergie zurückging.

Aus diesem schleichenden, brennenden giftigen Gefühl heraus entstand in Italien der Mythos vom malocchio (siehe auch „Der wilde Blick"). Bekam eine junge Frau keine Kinder, hatte bestimmt eine neidische alte Frau einen Blick auf sie geworfen. Starb ein Kind, ein Tier, war sicher eine Frau schuld daran. Die Hexenparanoia wucherte und gedieh unter der Fürsorge der Kirche zur allseits bekannten Ausrottung von Millionen Menschen. Frauen wurden gegeneinander ausgespielt, bei ihren Schwächen gepackt. Der Neid der Frauen aufeinander wurde zur mächtigsten Waffe gegen sie. Denn Neid entsteht aus Mangel, und Frauen leiden Mangel an allem.

Offenbar sind selbst die Götter neidisch, denn überall auf dem Erdball gibt es den Brauch, ein Neugeborenes als häßlich und leider zu klein und schwächlich zu beschreiben, damit die Götter nicht neidisch werden und es töten oder krank machen. Auch der Ausdruck „verschrei es nicht" geht auf die Angst zurück, etwas, auf das wir uns freuen, könnte, weil es schön und erstrebenswert ist, den Neid der Götter erregen und zerstört werden.

Seit ich mich mit dem Thema Neid beschäftige, fällt mir auf, daß Leute, je mehr Geld sie haben, um so öfter behaupten, daß sie pleite sind. Wer ein schönes Haus hat, lobt es, aber nicht zuviel, um nicht Neid zu erregen, sondern streut in die Erzählung die Sorgen ein, die es macht. Ein Traumjob wird gewürzt mit Seufzern über die blöden Kollegen, die langweilige oder stressige Arbeit.

Die ganz Reichen gehen nicht selten in Sack und Asche, damit niemand auf die Idee kommt, sie hätten zuviel Geld und sollten was abgeben. Die Windsors wurden schon beim Durchsuchen von Kleidersammlungstüten beobachtet.

Gibt es in der Wirtschaft Anzeichen einer Krise, schreien die am lautesten, die am wenigsten Verluste zu befürchten haben. Das funktioniert nach dem magischen

Prinzip, daß wer Neid verhindern will, das Schlechte und Mangelhafte betonen muß. Deshalb gibt es auch seit Jahrtausenden Amulette gegen den Blick des Neids.

Der Buddhismus hält eine andere Lösung bereit: Auf dem Weg zur eigenen Mitte läßt du alles an dir abgleiten. Wünsche, Sehnsüchte, Ängste, Neid, Eifersucht und Haß lösen sich auf. Am Ende bleibt nur Mitgefühl für alle Wesen und Heiterkeit. Ich habe auf dem Weg dorthin viele fluchen, ausflippen, saufen, kiffen und scheitern sehen. Mal ehrlich, wie viele heitere, gelassene, mitfühlende Wesen kennst du so? Trotzdem scheint es mir ein erstrebenswerter Zustand zu sein.

Ist die 13. Fee im Märchen neidisch? Es gab ja 13 Feen und 13 silberne Teller, und jetzt kommt die neue Zeit mit 12 goldenen Tellern, und da haben halt nur 12 Feen Platz. Die am wenigsten windschlüpfrige fällt raus. Ich glaube, sie ist nicht neidisch auf die anderen, wie das Märchen behauptet, sondern wütend, weil die alte Kultur zerstört wird. Die 13. Fee ist genausowenig neidisch, wie wir Frauen in westlichen Zivilisationen neidisch auf Männer sind. Zwar haben wir weniger Geld, weniger Privilegien, werden in unseren Fähigkeiten nicht gesehen, aber wir wollen ja auch nicht so leben und arbeiten wie Männer.

Vielleicht wollen wir das, was auf einigen Südseeinseln praktiziert wird: Bei einem Ballspiel geht nach der Halbzeit der stärkste Spieler der führenden Mannschaft zu den schwächeren, damit die aufholen können und das Spiel so ausgeglichen wird. Vielleicht sehnen wir uns nach dem Brauch auf den Trobriand-Inseln: Dort muß eine sehr wertvolle alte Kult-Muschel immer zirkulieren, niemand kann sie besitzen. Das schönste Fest ist immer das Fest des Weitergebens der Muschel, da wird gegessen, getrunken, getanzt und gefeiert. Jeweils die Insel, die

die Muschel bekommt, richtet das Fest aus. Bliebe die Muschel irgendwo für immer, würde Neid entstehen. Man müßte die Muschel einschließen, bewachen, ein Besitzrecht an ihr deklarieren und es verteidigen. Dann wäre die kleine Gesellschaft der Inseln voll Neid, Haß, Mißgunst und Trauer. Dann wäre sie langweilig. So langweilig wie bei uns...

RITUAL

Kraft schenken
So viele Frauen, wie Lust haben, treffen sich an einem schönen Ort im Park, auf einer Lichtung oder auch bei einer zu Hause. Sie bilden einen Kreis und rufen die Elemente, die Himmelsrichtungen und Helferwesen aller Art. Dann fängt eine Frau an: Sie wendet sich der Frau zu ihrer Linken zu, schlägt ihr auf die rechte Hand und sagt: Ich gebe dir etwas von – und dann nennt sie eine Eigenschaft, von der sie selbst viel hat, zum Beispiel Mut, Durchhaltevermögen, unverschämtes Lachen, die Fähigkeit, aus allem noch etwas Gutes herauszufiltern usw. Einmal im Kreis herum gibt jede Frau ihrer linken Nachbarin etwas von ihrer speziellen Fähigkeit oder Kraft. Dann geben sich alle die Hände und lassen alle Kräfte einmal durchlaufen. Dazu können alle summen. Bekräftigt wird dieses Schenk-Ritual mit „so sei es". Dann lassen alle die Hände los.

Natürlich könnt ihr das Ritual ausweiten, und jede könnte ein kleines Geschenk für die Nachbarin zur Linken mitbringen.

Es ist so leicht, über die bestehenden Machtverhältnisse zu klagen und eine Erklärung dafür zu finden, warum sowenig Platz für Menschlichkeit, Heiterkeit und Freude ist. Aber die Machtverhältnisse sind natürlich so, wie sie sind, weil sie nicht verwandelt werden. Weil wir Angst davor haben, sie in Frage zu stellen und uns damit vielleicht lächerlich zu machen.

Wir haben uns derart an Polaritäten gewöhnt, daß wir es kaum noch wagen, sie als Grundkonzept in Frage zu stellen, dabei ist diese Weiß-schwarz-Ideologie nur ein Realitätsentwurf von vielen. Tritt im Körper irgendwo ein Schmerz auf, dann polarisieren wir dies sofort. Der schmerzende Körperteil wird isoliert und problematisiert. Er gehört nicht mehr zum Körperuniversum. Er ist Störfaktor. Vorwurfsvolle, ängstliche, panische Energie fließt dorthin. Nur schnell wieder heilen! Hindernisse beseitigen! Störung beheben! Der gesunde Körper ist gut, der kranke ist schlecht. Die Krankheit muß weg. Im Kleinen wie im Großen, Innen wie Außen: Wer in der Gesellschaft stört, ist schlecht und muß auch weg. Jedenfalls dahin, wo er/sie nicht mehr im Weg steht.

Auf die Idee, die Krankheit, das Außergewöhnliche, das Störende zu ertragen, zu integrieren und innerhalb des Systems auszubalancieren, kommen wir schon gar nicht mehr. Die Machtverhältnisse zeigen sich am deutlichsten im Umgang mit Krankheit und Schwäche. Wer nicht funktioniert und die Gesetze der totalen Mobilität nicht befolgen kann oder will, wird aus dem Weg geräumt.

Wie wenig eine Macht-Ohnmacht-Konstruktion trägt, erfahren wir eigentlich nur, wenn wir Menschen begegnen, die in dieses Geflecht nicht hineinpassen oder sich gar nicht erst einbauen lassen.

In Nigeria begegnete ich einer Priesterin, die mit ein paar Frauen durch ein Dorf zog. Sie trug eine Kürbisschale und rasselte mit einer Schildkrötenrassel. Sie sang ein Lied, zu dem die anderen Frauen immer wieder eine Art von Refrain trillerten. Alle waren weiß bemalt. Ich dachte an korrupte Politiker, an verhungernde Menschen, an Tschernobyl, an Krieg. Die Frauen bewegten sich außerhalb dieser Realität. Sie gingen auf derselben Straße wie ich, sie atmeten dieselbe Luft, und doch waren sie in einer anderen Welt, lebten in einer spirituellen Gemeinschaft, die in dieser Welt und nicht von dieser Welt war.

Ein Auto kam. Der Fahrer hatte es eilig und hupte. Die Frauen fingen an zu lachen. Der Autofahrer gab auf und stellte den Motor ab. Er konnte die Frauen nicht dazu bewegen, seinen Plan zu erfüllen und die Straße zu räumen, weil sie sich in ihrer Welt bewegten. Sie waren nicht Teil seiner rationalen Überlegungen und ließen sich nicht in seine Eile einbauen. Ihr Lachen war mächtiger als jede Logik. Niemand konnte mit ihnen über ihr Verhalten diskutieren. Sie stiegen in das Konzept dieser Scheinrationalität nicht ein, prangerten es nicht an, regten sich nicht drüber auf. Sie machten schlicht ihr Ding.

Sie waren auch nicht verzweifelt, wie die Frau in meinem Viertel, die ebenfalls losgelöst von der herrschenden Realität durch die Straßen rannte und alle beschimpfte. Während diese Frau vom Leben zerstört nur noch wüten konnte und keine Angst mehr kannte – zum Beispiel beschimpfte sie vorbeifahrende Polizisten als Drecksäue, ohne daß es irgendwelche Folgen hatte –, lebten die Priesterin und ihre Begleiterinnen in ihrer Welt, die sich mit Herrschaftsverhältnissen nicht verband.

Lachen ist die Energie, die aus dem Gefängnis der Polaritäten, der Logik von Gewalt und Hilflosigkeit herausführt. Dem Lachen ist keine Macht der Welt gewachsen. Was nützt es, wenn dich jemand beleidigen will, und du bist nicht beleidigt, du kannst alles wie Wasser auf Fett abgleiten lassen? Wenn du den Ursprung deiner Kraft kennst und dich auf die Konstruktion von Macht und Ohnmacht nicht mehr einläßt?

Ich erlebe diese Freiheit in dem Maß, wie ich älter werde. Tatsächlich werden alte Frauen vor allem deshalb diskriminiert, weil ihre machtzersetzende Kraft gefürchtet ist. Wie willst du einer drohen, die alles gesehen hat und nur noch lachen kann? Es gibt diesen jüdischen Witz, in dem ein Mann vom Finanzamt ein Schreiben erhält, in dem steht: Zahlen Sie endlich Ihre Steuern, sonst bekommen Sie ernsthafte Schwierigkeiten. Er schreibt zurück: Meine Frau hat mich verlassen, meine Tochter geht auf den Strich, und gestern wurden mir alle Zähne gezogen. Und Sie wollen mir ernsthafte Schwierigkeiten bereiten?

„Sie sagt immer: Ja, gewiß, das werde ich tun! Und dann macht sie ganz was anderes", erzählte mir wutentbrannt ein Freund von seiner Mutter. Eben, wie willst du diese Mutter dazu bringen, daß sie „realistisch" wird. Sie hat sich ja von deiner Vision der Realität so weit entfernt, daß du sie einfach nicht erreichen kannst.

Was braucht es, um diese Souveränität zu erreichen? Mußt du als Einsiedler am heiligen Berg Kailash in Tibet leben, wie der Bönzauberer, den ich traf? Er lebte von Almosen, machte sich immer wieder auf den Weg um den Berg herum, sammelte Kristallspitzen (die er mir schließlich schenkte, und ich glaube, daß damit die Lust am

„Irrationalen", an der Freiheit in mir noch gewachsen ist) und richtete sich in seiner Welt ein, die mit den Händeln der Macht nichts mehr zu tun hat. Mußt du dich aus der Welt zurückziehen, um über sie lachen zu können?

Es ist jedenfalls gut zu wissen: Alles könnte auch ganz anders sein. Das Gute könnte vielleicht so gut nicht sein, wie es sich darstellt. Das Böse könnte vielleicht dort beginnen, wo wir es nicht vermuten, bei den Guten nämlich. Ich glaube, die Einteilung in Gut und Böse, Macht und Ohnmacht ist einfach eine Beschäftigungstherapie. Solange wir damit beschäftigt sind, die Welt in Gut und Böse einzuteilen, und uns an der Wertung und der Erfüllung dieser Norm beteiligen, scheint uns nichts anderes möglich. Macht und Ohnmacht scheinen eine naturgegebene Ordnung zu sein, der wir uns unterwerfen, weil wir nichts anderes kennen. Dann wird es notwendig, andere Entwürfe kennenzulernen, herauszufallen aus dieser Logik und das Hamsterrad nicht mehr anzutreiben.

Das ewige Jammern darüber, daß es Reiche gibt, daß du machtlos bist, daß du nicht beteiligt bist, nicht dazugehörst, aber gern dazugehören möchtest, ist doch müßig. Alles, was es in der Welt gibt, existiert auch in dir. Deshalb ist es sinnvoll, es in dir selbst zu wandeln, denn auch deine Kraft hat Einfluß auf das Gewebe der Welt.

Du strickst doch mit an den Machtverhältnissen und den Webfehlern der Ohnmacht. Du gibst deine Kraft an Menschen ab, die sie mißbrauchen. Du nährst Zerstörung. Wozu also sich beklagen? Wozu an den mythischen „Anderen" herummäkeln. Irgend jemand ist immer schuld, irgend jemand da draußen muß die Verantwortung dafür tragen, daß es dir nicht so geht, wie du möchtest?

Der Rest deines Lebens beginnt JETZT. Warum fängst du nicht damit an, alles, was geschieht, alles, was es gibt,

in deinem Leben, an deiner Person zu bearbeiten, abzu-
werfen, zu wandeln? Männer sind gewalttätig und unsensibel? Langweilig. Mach dich geschmeidig. Sorge dafür,
daß der nächste gewalttätige Mann, der dir begegnet,
Angst bekommt, er könnte vielleicht noch einmal so einer
begegnen. Warte nicht, bis dich einer versteht, sich in
dich hineinversetzen kann. Langweilig. Versteh dich erst
mal selber.

Warte nicht, bis du geliebt wirst. Liebe dich selbst.
Feiere das Wunder deiner Existenz, solange du dazu Gelegenheit hast. Das Leben ist kurz.

Frauen sind unsolidarisch? Ç'est la vie. Was weißt du
über ihre Probleme, ihre Sorgen, Nöte, Ängste? Fang bei
dir an. Sei solidarisch und mach nicht zur Bedingung, daß
du dafür geliebt wirst, es dir jemand vergelten wird.

Die Welt verändert sich, weil einzelne Menschen sich
verändern, nicht weil jemand Revolution macht und neue
Machtverhältnisse ansagt. Bleib bei dir, sprich von dir,
steh zu deinen Gefühlen und laß dich nicht in die Intrigen
des täglichen Lebens verwickeln. Du willst „es jemandem
heimzahlen"? Da bedienst du den ewigen patriarchalen
Mechanismus von Macht und Ohnmacht. Du bist ohn-
mächtig, aber du möchtest Macht und sie gegen andere
verwenden. Langweilig. Zeitraubend. Solange du gegen
jemanden kämpfst, bleibst du im alten Schema. Wenn du
aufhörst, dich davon steuern und manipulieren zu lassen,
fängst du an, ein neues Gewebe zu gestalten, in dem es
viel mehr gibt als Polaritäten, böse Männer und verständ-
nisvolle Frauen, Mächtige und arme Schweine.

Vor dem Feinkosthaus Dallmayer saß eine sehr schöne, dunkelhaarige wilde Frau mit einem Schild: „Brauche
fünfzig Mark." Ich fand die direkte Ansage so erfrischend,
daß ich ihr fünfzig Mark gab. Sie griff in ihre Rocktasche

und gab mir einen Raubtierzahn, in den eine Löwin geschnitzt war. Ich protestierte. Im Kopf hatte ich mein altes Konzept: Sie ist die Bettlerin, und ich sollte die Wohltätige sein. Wenn sie mir diesen Zahn gibt, hat sie mir ja mehr gegeben als ich ihr. Sie lachte. Ich lachte auch und nahm den Zahn. Er ist mir zum Symbol für vollkommene Heiterkeit geworden, zum Tor in eine andere Welt, in der die herrschenden Werte und Machtverhältnisse nichts zählen.

RITUAL

Getreidekreis mit Teelichtern auf einer Kreuzung
Am besten machst du das Ritual in der Nacht, wenn auf der Kreuzung nicht viel oder gar nichts mehr los ist. Nimm ein Säckchen Getreide, Teelichter und eine Rassel mit. Du kannst das Ritual allein oder mit Freundinnen machen. Streu zuerst den Körnerkreis aus, dann stellst du die Teelichter auf und zündest sie an. Dann tanzt du einmal im Kreis herum, egal ob nach rechts oder links, wie es dir am liebsten ist, und rasselst dazu. Dann kannst du die vier Elemente rufen. Wenn die Kreuzung ruhig ist, kannst du dich in den Kreis setzen und alle Kräfte an diesen Ort rufen, die du gern dort spüren würdest. Wenn ihr den Kreis zusammen macht, könnt ihr euch, wenn jede etwas gerufen hat, die Hände geben und den Kreis mit „so sei es" wieder lösen.

Wenn du das Ritual allein machst, springst du über den Getreidekreis nach außen. Du kannst die Kerzen wieder mitnehmen, der Getreidekreis bleibt. Es wird dir ein Gefühl von Wärme und Heiterkeit vermitteln, wenn du tagsüber an der Kreuzung vorbeikommst.

Der Unfall, den ich vor Jahren hatte, hatte eine erstaunliche Begleiterscheinung: Ich verlor die Angst. Vorher hatte ich mich vor Kriegen, Gewalt, lebensbedrohlichen Situationen gefürchtet. Als Kind war ich sogar besonders ängstlich, hatte aber eine starke Schwester, die meinen Schutz übernahm. Nachdem ich also durch diesen grauen Raum der Zeitlosigkeit, der Bedeutungslosigkeit gegangen war, wachte ich in einer neuen Dimension auf: Ich war gestorben und wieder in den Körper zurückgekehrt. Seither muß ich über alles lachen.

Und plötzlich entdeckte ich, welche Funktion die Angst übernommen hatte, bevor ich sie verlor. Sie disziplinierte mich, hielt mich in den bekannten Grenzen fest. Sie hatte mich in einer ganz bestimmten Weise dressiert.

Genauer als medizinische Anamnese, Horoskop und Lebenslauf zusammen beschreibt eine Bestandsaufnahme ihrer Ängste eine Person – die Ängste und Tabus, die du verinnerlichst, die dich wie mächtige Bannsprüche erstarren lassen, sagen mehr über dich aus als deine Gewohnheiten und deine Vorlieben. An den Grenzen und Tabus erkennen wir kulturelle Prägung.

Daß es in der südanatolischen steinzeitlichen Siedlung Catal Hüyük Zeichnungen von Geiern und Dreiecken an den Wänden gab, war für die Entschlüsselung dieser matriarchalen Kultur wichtig. Aber wirklich bahnbrechend fand ich die Erkenntnis, daß die von Geiern saubergefressenen Knochen von Frauen und Kindern unter dem Herdplatz im Haus begraben wurden, während die Gräber der Männer außerhalb der Siedlung lagen. Bis über den Tod hinaus aus der Gemeinschaft verbannt fehlten Männer auch in der Darstellung des Alltagslebens. Als die Reitervölker aus der mongolischen Steppe nach Kleinasien kamen, fielen ihnen die Frauensiedlungen kampflos zu, denn die Frauen konnten sich nicht nur nicht verteidigen, sie kannten so etwas wie Angst vor Angriff und das Bedürfnis, sich verteidigen zu müssen, gar nicht. In Catal Hüyük fanden sich keine Waffen und auch keine Verteidigungsanlagen.

In diesen Zustand der Abwesenheit von Angst vor Gewalt können wir uns heute natürlich nicht einfach hineinträumen. Trotzdem ist es wichtig zu wissen, daß es so einen Zustand gibt und daß es der natürliche, normale, der ursprüngliche Zustand menschlicher Erfahrung ist.

Ängste hatten einmal durchaus eine wichtige Überlebensfunktion. Du rennst nicht in einen brennenden Wald, du läufst dem Raubtier nicht zwischen die Zähne, du schwimmst nicht in einem Fluß mit Strudeln, du läufst nicht sorglos über die Kante eines hohen Felsens. Wir lernten, beschleunigende Autos vorbeifahren zu lassen. Wir gewöhnten uns daran, von Fensterkanten in hohen Stockwerken zurückzutreten und die Sicherheitsbestimmungen in Zügen, Schiffen und Flugzeugen zu respektieren. All das hat auch mit Angst zu tun. Aber dann stellt sich heraus, obwohl wir alles richtig gemacht haben, hat irgend jemand was falsch gemacht. Das Flugzeug stürzt ab. Der Atomreaktor brennt durch. Gift strömt aus. Ich werde überfahren, obwohl ich alles getan habe, um die Regeln des Verkehrs sorgfältig zu beachten.

Diese Ungewißheit macht vor allem Frauen paranoid. Penibel registrieren sie alle Umweltgifte, erschöpfen sich im Kampf gegen Luftverschmutzung, Autoverkehr, Gentechnologie usw. Es gibt ein legitimes Bedürfnis, sich gegen Zerstörung zu schützen. Es gibt aber auch Angst, die zu Paranoia wird, die uns völlig lähmen und lebensunfähig machen kann.

Die Hersteller von schädlichen Substanzen, die Zerstörer der Natur spielen die Gefahren herunter, andere Branchen schüren die Angst. An der großen Angst verdienen Versicherungen und Firmen, die mit Schlössern und Schutzausrüstungen aller Art wie Tresoren, Kleidung, Filtern usw. handeln. Unsere Situation ist bizarr: Obwohl wir alles tun, um sicher zu sein, ist unser Leben ständig gefährdet. Das Leben ist lebensgefährlich und endet mit dem Tod. Wenn die Gefahren für Leib und Leben zurückgedrängt sind, kommen die sozialen Bedrohungen: Gehöre ich dazu? Verliere ich den Job? Bin ich anerkannt? Habe ich etwas Blödes gesagt? Finden die mich doof? Reden die über mich? Werde ich genug Geld im Alter haben? Wird meine Kraft für diese Arbeit reichen? Kann ich mich derart exponieren...

Es gibt also einerseits Ängste, über die konzentriert nachzudenken sich lohnt, andererseits gibt es Industrien, die daran verdienen. Ihr Job hängt vollkommen vom Illusionszauber ab: Angst machen und verstärken, die Situationen so farbig wie möglich schildern und Lösungen anbieten.

Bedrohungen und Gewalt durch Männer brachten mich dazu, Selbstverteidigung zu lernen und mich körperlich geschmeidig zu machen. Ich machte eine interessante Erfahrung: Wenn du Gewalt kennst und lernst, sie abzuwehren, spielerisch abzulenken, durch Geschicklichkeit, Witz, Schnelligkeit und Kraft zu zerlegen, gehst du in einen Zustand heiterer Gelassenheit ein.

Ein Betrunkener redete mich kürzlich am Bahnhof dumm an. Früher hätte mich das in eine mittlere Panik versetzt. Jetzt kalkulierte ich seine Körperkraft mit seiner verminderten Reaktionsfähigkeit, seine Kommunikationsunfähigkeit, seine Ängste und Verklemmungen, seine Bedürfnisse und die Unmöglichkeit, sie zu befriedigen. Früher hätte ich die moralische, politische, historische Wertung mitgedacht: Das ist so ein Schwein, das Frauen angreift, unterdrückt! Wir wurden immer unterdrückt, unserer Rechte beraubt usw.

Diese Wut hinderte mich, klar zu sehen, wo eine präzise Reaktion ansetzen könnte. Tatsächlich verstärkte die Wut meine Angst und meine Lähmung. Alle Ungerechtigkeiten, Gemeinheiten und Gewalttaten wirbelten in meinem Kopf durcheinander, bis ich völlig handlungsunfähig war und nur noch denken konnte: Immer müssen Frauen es hinnehmen, daß sie angequatscht, angestarrt, angetatscht und vergewaltigt werden.

Damit hielt ich mich jetzt nicht auf. Ich dachte daran, daß ich beim Kicktraining das Bein noch nicht über Hüfthöhe gebracht hatte. Wieso eigentlich? Ich war ganz damit beschäftigt, mich auf die Tritthöhe meines rechten Fußes zu konzentrieren. Ich schaute mir den Kerl an und trat neben ihm in die Wand des Bahnhofshäuschens, ziemlich hoch. Ich war zufrieden. Der Tritt hatte solchen Lärm gemacht, daß wir beide ein bißchen erschraken. Bei ihm reichte es zum Weglaufen. Mag sein, daß er mir körperlich überlegen war, weil er größer und stärker war als ich. Aber ich war konzentriert, heiter, gelassen und dazu gut trainiert. Ich hatte keine Angst, weil ich bei dem Unfall erlebt hatte, daß körperlicher Schmerz auch wieder vergeht, daß wir alle sterblich sind – zu meiner Überraschung auch ich. Wozu also sich ständig verkrampfen!

Die Erkenntnis, daß wir alle sterblich sind, Angst vor körperlichen und seelischen Verletzungen haben und nicht gern Gewalt gegen den eigenen Körper erleiden, macht den Angreifer mir gleich. Daraus ziehe ich jetzt allerdings nicht den Schluß, daß ich ihn lieben muß. Ich muß ihn nicht hassen. Aber ich kann mir genau ansehen, wo er verletzbar ist, und ihm signalisieren, daß ich zu dieser schmerzhaften Handlung gegen ihn notfalls bereit bin.

Wie ich öfters feststellen konnte, reicht allein das aus, um Gewalt abzuwenden. Ich packe die Ohren eines Jungen, der nachts mein Fahrrad festhält und mir mit seinem Freund näherkommt, als mir angenehm sein kann. Zwei Ohren sind schnell abgerissen, sage ich zärtlich zu ihm. Der andere will helfen. Du hilfst ihm am besten, wenn du läufst, sage ich. Dann lasse ich ihn los, und er kann auch laufen. Warum funktioniert das? Weil es die mütterliche Autorität (Gewalt?) gab, die als Hypnosebefehl eingegeben wurde. Weil es den Überraschungseffekt gibt: Da wehrt sich eine nicht nur. Vielleicht ist sie sogar gefährlich. Vielleicht ist sie ja wahnsinnig. Wer weiß, was die als nächstes macht? Es gibt Schrecklicheres als körperlich verletzt zu werden.

Wenn Frauen die Geister des Wahnsinns rufen, gibt es für Angreifer nicht viel zu lachen, nichts ist so unkontrollierbar wie eine ver-rückte Frau. Diese Erkenntnis gepaart mit der, daß das größte ungenutzte Energiepotential die Kraft der Frauen ist, kann sich zu beachtlicher Macht entwickeln.

Die Angst vor körperlicher Gewalt, hauptsächlich durch Männer, ist nicht die einzige, die uns in Schach hält. Wir haben Existenzängste, Angst vor dem Zahnarzt, Angst davor, einen leeren Raum zu durchqueren, eine Rede zu halten, eine eigene Idee zu entwerfen, Angst vor Tieren aller Art, vor kleinen Räumen, Aufzügen, Treppen, Kriegen, Seuchen und Meteoreinschlägen. Jede Person kultiviert eine individuelle Auswahl von Ängsten. Manche scheinen sinnvoll zu sein, nähren sich aber aus uralten destruktiven Codes im Hirn, die wir nicht entschlüsseln können. Diese Ängste können wir nicht lösen, indem wir die Situation mutig angehen, sondern eher dadurch, daß wir unsere spirituelle Widerstandskraft stärken.

Wenn die Angst vor der Dunkelheit mein Problem ist, gibt es mit Sicherheit Kindheitsereignisse, die diese Angst auslösten. Zusätzlich gibt es eine Art Urangst, die noch aus der Zeit stammt, als wir in der Wildnis überleben mußten. Sich mit der Dunkelheit, mit tiefem Wasser, mit Bakterien und Viren, mit Flugangst anzufreunden, heißt zuerst einmal, mit sich selbst liebevoll umgehen.

Ich zum Beispiel kann mir einfach nicht böse sein. Ich verzeihe mir alles, denn ich stehe immer zu mir. Wenn ich das gelegentlich erwähne, nachdem ich einen mehr oder weniger gravierenden Fehler gemacht habe, ist verblüfftes Schweigen und dann vorwurfsvoller Tadel die Reaktion. So leicht kannst du es dir aber nicht machen. Wieso eigentlich nicht? Warum muß ich es mir schwer machen? Nur damit du zufrieden bist und es dir demnächst auch nicht leichter machst?

Wenn ich eine dieser Ängste angehe und will es mir leicht machen, dann sage ich mir als erstes: Es ist okay, daß ich davor Angst habe. Ich akzeptiere mich in dieser Angst, woher sie auch kommen mag. Ich werfe mir auch nicht vor, „daß ich noch nicht soweit bin". Das ist nämlich ein grausames neues Hindernis, das Frauen sich gegenseitig in den Weg werfen und das die Vorwürfe der Eltern ersetzt, die heute ja kaum noch ernst genommen werden.

Sollte ich mich konfrontieren müssen, weil ich zum Beispiel unbedingt fliegen oder unbedingt nachts irgendwo hin muß, verfahre ich nach einem sehr alten, sehr bewährten Prinzip: Ich suche mir Helfer und Verbündete, die mir die Aufgabe erleichtern. Wer könnte mir eine spezifische Angst nehmen, eine Gefahr abwenden, vor der ich mich fürchte?

Wenn ich Flugangst hätte, würde ich ohnehin nur fliegen, wenn es unumgänglich wäre, also zum Beispiel an einen Ort, wo ich unbedingt im Leben einmal hin muß und zu Fuß oder per Bahn oder Auto nicht hingelange. Nicht zu fliegen wird allgemein wohlwollend akzeptiert, weil es ökologisch korrekt ist. Fliegst du aber nicht, weil du Angst hast, liegt die Sache anders, denn deine Angst ist eine so mächtige Energie, die dich so gründlich zerstören könnte, daß es sinnvoll ist, sich ihr zu nähern. Du mußt dich von dem Dämon, vor dem du dich am meisten fürchtest, beißen lassen, sagte die ghanaische Fetischpriesterin, bei der ich monatelang lebte.

Vor allem bleibt diese Angst ja möglicherweise nicht auf ein Thema beschränkt, sondern fängt an, sich auszubreiten und dich mehr und mehr einzuschränken und zu lähmen. Angst ist ansteckend, Mut auch. Angst verschwindet nur im Experiment. Es ist verblüffend, daß gerade die Menschen am meisten Angst vor den Gefahren in exotischen Ländern haben, die noch nie dort waren. Die Angst wächst mit dem Unwissen.

Also such dir eine beherzte Person, die, um beim Beispiel zu bleiben, mit dir fliegt. Dann weihst du den Piloten in deine Angst ein. Piloten haben ein existenzielles Interesse, daß Menschen fliegen, weil sie sonst arbeitslos sind. Deshalb neigen sie dazu, besonders liebevoll auf die Flugangst von Passagieren einzugehen. Vielleicht versuchst du einen Flug mit einer Pilotin zu buchen. Frauen fliegen einfach wunderbar! Dann machst du aus dem Flug eine wirkliche Initiation: Du kleidest dich auf besondere Weise, ißt besondere Speisen, trägst ein Amulett oder einen Talisman für die Einweihung, stehst die ganze Initiation mit bewußtem Atem wassertrinkend und die Aussicht genießend durch, trinkst hinterher einen Schnaps (wenn du nicht alkoholkrank bist) und gibst auch den Geistern − spirit for the spirits.

Eine Initiation in die Angst und die Beobachtung, wie die Angst abzieht, ist ein ekstatisches Erlebnis, eine Art Abenteuerreise zu dir selbst.

RITUAL

Schutzkreis

Leg in deiner Wohnung einen Kreis aus Gegenständen aus, die dir Sicherheit geben oder die du sehr gern hast, das kann Schmuck sein, eine Figur, eine Schachtel, das Geschenk einer Person, die du liebst usw. Setz dich in den Kreis, räuchere Salbei. Salbei ruft die AhnInnen und gibt dir Schutz. Stell dir jetzt vor, daß du von einer schützenden Hülle umgeben bist. Gestalte diese Hülle genauso, wie du sie am wohligsten findest.

Wenn du sie sehr stark und dicht brauchst, kannst du dir ein Tierfell oder sogar Metall vorstellen, eine zweite, magisch gewebte Haut vielleicht. Du kannst sie dir aber auch hauchdünn und lebendig vorstellen: Sie läßt alles durch, was du willst, und hält ab, was du nicht an dich heranlassen willst. Manche Frauen stellen sich Wasser oder farbiges Licht vor. Eine hat sich auch schon Pudding imaginiert. Du kannst ein Kleid aus Stacheln oder einen Umhang aus Tönen um dich imaginieren. Schön ist auch, Stacheln auf dem Rücken wachsen zu lassen, die du in einer bedrohlichen Situation aufstellen kannst. Die Stacheln kannst du auch in weiches Gras verwandeln und am Rücken anliegen lassen.

Wenn du dich in deiner Haut gut fühlst, kannst du dir eine Situation vorstellen, die dir normalerweise Angst macht. Geh in diese Situation mit „übernatürlichen" Kräften, mit phantastischer Ausstattung. Gestalte die Vision wie einen Film, den du selbst inszenierst. Du bestimmst, welche Sätze gesprochen werden, wie gehandelt wird. Du kannst die Person, das Tier, die Situation, vor denen du Angst hast, völlig entschärfen, indem du sie und dein Verhalten neu inszenierst. Das macht ziemlich großen Spaß. Außerdem hat diese Imagination den Vorteil, daß sie den Kern für eine Veränderung deiner Angst legt. Je mehr du in deiner Imagination andere Szenen und Verhaltensweisen ausspielst, um so verblüffender wird die Wirkung dieser Phantasien auf die Wirklichkeit sein.

Beenden kannst du dieses Ritual, indem du dir selbst noch einmal zulächelst, die schützende Hülle verblassen läßt im Bewußtsein, daß du sie jederzeit wieder aufleuchten lassen kannst, und aus dem Kreis gehst. Dann kannst du den Kreis mit den Gegenständen auflösen.

Wenn du im Aufstellen deiner Stacheln geübt bist, wirst du feststellen, daß Menschen, die dich bedrängen, von dir abrücken.

In der Stadt fühlst du dich vielleicht manchmal bedrängt oder bedroht, dann kannst du auch mal ausprobieren, wie es sich anfühlt, wenn du fauchst oder knurrst oder deine Augen weit aufreißt und dazu die Zähne fletscht. Die Wirkung ist erheiternd!

Es gab da im Deutschunterricht diese Ballade, „Die Bürg-schaft" von Schiller: Ein Mann wollte einen Tyrannen umbringen, die Sache ging schief, er sollte hängen, aber vorher wollte er noch seine Tochter verheiraten, also bot er dem Tyrannen an, den Freund als Pfand dazulassen, eilte nach Hause und verheiratete die Tochter. Auf dem Rückweg geriet er ziemlich ins Schwitzen, Hochwasser, Räuber, alle möglichen Hindernisse verstellten ihm den Weg zum Galgen. Im allerletzten Augenblick konnte er den Freund retten. Der Tyrann, ergriffen von soviel Treue, sprach den Satz, den vermutlich viele Deutsche noch im Kopf haben: Ich sei, gewährt mir die Bitte, in euerem Bunde der Dritte. Drei treue Freunde.

Als wir das Thema auf unserem Frauenstammtisch dis-kutieren, schlagen die Wellen hoch. Anna, die die ganze Ballade aufsagen kann, ist von den Schwierigkeiten des Delinquenten ergriffen. Ute stellt die Frage, wer hier eigentlich treu ist. Ich finde, der Aktivist geht mit dem Leben des Freundes ziemlich locker um. Ich lasse den Freund dir als Bürgen, schön gesagt, hätten wir das vor-her diskutieren können, mag der Freund da vielleicht ge-fragt haben, aber solche kleinkarierten Zeilen kommen in der hehren deutschen Dichtung nicht vor. Mir gefällt der Tyrann nicht schlecht, der anscheinend im Lauf der Balla-de einen Lernprozeß macht. So einen Politiker wird man heute kaum finden.

Treue gehört zu Deutschland wie der Schäferhund und der Wald. Aber auch mit den Schäferhunden und dem Wald ist es nicht mehr weit her. Üb immer Treu und

Redlichkeit, heißt es in einem deutschen Volkslied. Daß sich besonders viele an dieses Lied halten, kann nicht behauptet werden.

Ich denke an die großen Firmen, die ihre Gewinne machen und dann plötzlich für ihre Mitarbeiter nichts mehr übrig haben. Die treuen Handwerker, die irgendwann in mythischen Zeiten immer kamen, wenn man sie brauchte, schauen heute genervt auf ihren Terminkalender, wenn ein Rohrbruch oder eine einstürzende Decke gemeldet wird. „Treue wird eigentlich nicht belohnt", sinniert meine Mutter, die sich für ihren Beruf aufgearbeitet hat und keinen Dank ernten konnte. „Freundinnen sind treu", weiß sie aber, „auf die ist Verlaß!" Weshalb es ihr auch immer wichtiger war, gute Freundinnen zu haben, denn: „Männer kommen und gehen, aber die Freundinnen bleiben dir ein Leben lang."

In dem Wort Treue steckt immerhin Reue. Und treu wird nicht selten auch mit doof kombiniert. Wer von Treue spricht, meint eher selten einen Mann. Und Frauen assoziieren Treue meistens mit sexueller Treue und der entsprechenden Forderung. Das heißt, die Diskussion über Treue führt ziemlich schnell zur Enttäuschung über die Untreue.

„Mir macht es nichts aus, wenn mein Mann andere Frauen hat, solange er zu mir zurückkommt", sagt eine Unternehmerin. „Nur anlügen darf er mich nicht." Aber wer sagt schon immer die Wahrheit? Ist es nicht so, daß die Hölle los ist, wenn Männer erst mal die Wahrheit sagen? Männer können einfach nicht treu sein – diese Erkenntnis bringt Frauen oft dazu, sich zum Fußabstreifer degradieren zu lassen und ihre Männer auch noch in Schutz zu nehmen. Müßten wir mit der Treue nicht in erster Linie bei uns selbst anfangen? Wer sich selbst treu bleibt, verliert nie wirklich. „Ich spionierte hinter ihm her", erzählt Angelika, „ich wartete vor dem Haus seiner Geliebten, rasend vor Eifersucht. Irgendwann stellte ich ihn zur Rede. Das Schlimmste war, daß er zweiundzwanzig Jahre einfach auf den Müll werfen konnte. Er weigerte sich, mit mir über die Situation zu sprechen. Er packte einfach seine Sachen und ging." Bärbel lächelt ein wenig bitter. „Als unsere Ehe in einer Krise war, gingen wir zur Eheberaterin. Die hat mein Mann dann abgeschleppt und geheiratet."

Wenn ich über Treue nachdenke, fällt mir meine Katze Tiga ein. Als ich den Unfall hatte, lag sie jeden Tag an meinem zerbrochenen Körper. Ich konnte fühlen, wie sie mir ihre Kraft lieh, wie sie die Spannung aus meinem Körper zog. Sie baute mich auf. Sie begleitete meinen Heilungsprozeß, dann wurde sie krank und starb. Ich habe das Gefühl, sie hat ihr Leben für mich geopfert.

Nie zuvor war ich mir auch der Treue meiner Freundinnen und einiger Freunde so bewußt. Sie kochten für mich, pflegten mich, brachten mich zum Lachen, schleppten Lesestoff und alle möglichen Hilfsmittel an. Ich war eigentlich immer der Meinung, Treue bedeute mir gar nichts. Jetzt zeigte sich, daß es vielleicht die einzige Qualität ist, die in einer Freundschaft zählt.

„Andererseits", sagt meine Freundin Ann, „schließt Treue Veränderung aus. Treue heißt, alles muß bleiben, wie es ist." Soll wirklich immer alles bleiben, wie es war? Bleibt es, nur weil wir treu sind? Ist Treue ein Zustand oder ein lebendiger Prozeß?

Über die Untreue von Steuerhinterziehern dem Staat gegenüber ist oft die Rede, vor allem wenn es sich um Leute handelt, die ohne ein paar nicht deklarierte Einnahmen gar nicht existieren könnten. Kaum jemand spricht dagegen von der Untreue des Staates den Bürger-Innen gegenüber, zum Beispiel wenn es um Wahlver-sprechen geht. Und was war unsere Treue zur Natur, zu den kommenden Generationen in Wackersdorf wert, als wir uns gegen die Wiederaufbereitungsanlage wehrten? Zuerst bekamen wir Knüppel und Reizgas zu spüren, dann mußten wir auch noch den Abbruch dieser desola-ten Ruine bezahlen – mit unseren Steuergeldern.

Ruth war Pflegerin in einem Altenheim. „Das ist schon grauenhaft, das kann ich dir sagen", erzählt sie. „Da lie-gen die Alten in ihrer Kacke, gewickelt wie Kinder, apa-thisch. Niemand besucht sie, niemand kümmert sich. Wir Pflegerinnen taten, was wir konnten. Aber wenn du dir vorstellst, diese Frauen haben nach dem Krieg Deutsch-land aufgebaut, sie haben ihre Familien durchgezogen, haben geschuftet, das Wirtschaftswunder erst möglich gemacht. Wer kümmert sich heute um sie? Wen interes-siert das noch?" Untreue hat viele Gesichter.

„Als ich krank wurde", sagt Luzie, „haben sie für meine Arbeit drei Leute eingestellt. Aber wenn ich gesagt habe, das wird mir zuviel, ich brauche Hilfe, hieß es, dafür ist kein Geld da." Luzie hat in einer großen Baufirma gear-beitet, hat als Buchhalterin die Firma mit aufgebaut. „Als ich ging, hörte ich kein Wort des Dankes. Es war, als hätte ich nie existiert." Treue wird nicht honoriert, wer treu ist, wird ausgenutzt, betrogen und schließlich abgeschoben – das ist das Fazit vieler älterer Menschen, die an ihren Familien, ihrem Land, ihren Freunden verzweifelt sind.

Der Begriff Treue wirft eigentlich nur Fragen auf. Zum Beispiel diese: Ist Treue nicht im Grund auch Abhängig-keit? Wäre der Begriff der Loyalität nicht genauer, zu der Bewußtsein, Erkenntnis und eine klare Entscheidung gehören?

RITUAL

Wollknäuel im Kreis herumgehen lassen
Am schönsten ist dieses Ritual wieder mit vielen Frauen.
Jede Frau bringt ein Woll- oder Garnknäuel in ihrer Lieb-
lingsfarbe mit. Eine Schere liegt bereit. Die Frauen stehen
im Kreis und stampfen, klatschen, rasseln, trommeln,
ganz nach Lust. Dann werden die Woll- oder Garnknäuel
links herum weitergereicht. Die erste behält ihren Faden
in der Hand, und während die Knäuel wandern, werden
sie entrollt. Jede Frau, die das Knäuel weitergibt, legt eine
Kraft hinein. Am Schluß hat jede viele bunte Fäden in der
Hand. Die Frau, bei der die Schere liegt, hebt die Schere
auf, widmet sie der weisen Alten und den drei Nornen
und schneidet links von sich die Fäden durch, gibt die
Schere nach links weiter. Jede Frau schneidet jetzt die
Wollfäden links von sich ab. Jede macht sich ein Freund-
schaftsband aus der Wolle. Alle für eine. Eine für alle.

„Entweder die Lenorflaschen oder ich, entscheide dich", sagte Frau S. zu ihrem Mann, als er die leere Großverbraucherflasche Lenor in den Keller zu den anderen zweiundsechzig leeren Plastikflaschen stellen wollte. Herr S. band alle Behältnisse mit einem Strick zusammen, schleifte sie mit dem Auto zum Wertstoffmüllplatz und begann so ein Problem zu lösen, das seine Frau viel zu lange ertragen hatte: das „messie-Syndrom" (von mess, englisch Unordnung). Er ist sammelsüchtig. Er sammelt Verpackungen aller Art, kann nichts wegwerfen, ist der Keller voll, fängt er an, den Schuppen zuzumüllen.

„Immer wenn ich eine Schublade öffne, finde ich schon wieder ein neues Nest", sagt Frau S. verzweifelt. „Aspirinschachteln, fünf oder sechs, die Verpackungen von Büroklammern. Nichts wirft er weg. Und wenn ich es wegwerfe, zieht er es aus dem Müll wieder hervor!"

Vor acht Jahren zog die Familie in ein Bauernhaus, das bald den Spott der Schuljugend auf sich zog – wenn Kinder zum Spielen kamen, fielen ihnen aus jedem Schrank und jeder Tür Schachteln, Tüten, Verpackungen, Zeitungen, Zeitschriften, Eierschachteln, Dosen, zerbrochenes Werkzeug und ähnliches entgegen. Es gab zweiundzwanzig kaputte Fußbälle, aber nicht einen, mit dem man spielen konnte. Es gab Autos ohne Reifen, Fahrräder ohne Kette, ohne Sattel, irgendwo türmten sich alte Ziegelsteine auf, die leeren Farbeimer der letzten Renovierung standen daneben.

Kaum hatte Herr S. sich entschlossen, die Lenorflaschen zu entsorgen, rief seine Frau eine Containerfirma an. Mit den Containern kamen vier Studenten, die Aktion dauerte zwei Tage, dann atmete Frau S. auf. Sie konnte wieder durch den Flur gehen, ohne einen Berg von Zeitungen umzustoßen, Zimmer wieder ganz einfach betreten, ohne daß beim Öffnen der Tür dahinter Gestapeltes einstürzte. Herr S. begann eine Therapie.

„Du glaubst nicht, wie oft ich in Wohnungen gehen muß, in denen Menschen sich derart zugemüllt haben, daß der Gestank für die Nachbarn nicht mehr zu ertragen ist", beschreibt Kathrin, Sozialarbeiterin, das Problem in seinem Endstadium. „Die Leute werden zu Gefangenen der Dinge. Sie bewahren Essensreste, Verpackungen, Müll, Exkremente, Zettel, abgebrochene Stifte, ausgelaufene Tuben, alte Zeitungen, leere Batterien, kaputte Geräte – einfach alles auf. Sie sind nicht mehr in der Lage, ihren Raum gegen den Müll zu verteidigen. Sie holen sich sogar Müll aus fremden Mülltonnen."

Sammelsucht hat auch viele verheißungsvolle und interessante Erscheinungsformen, einige davon sind höchst gesellschaftsfähig. Im Toggenburg hat ein Antiquitätenhändler sein ganzes zweistöckiges Haus samt Speicher kampflos an seine Skulpturen und Bilder, wertvollen Teppiche und asiatischen Zeremonialgegenstände übergeben. Er schläft auf einem schmalen Bett in einer Art Küche. Um seine kostbaren Dinge, ja Freunde, zu schützen, heizt er kaum und geht bei kaltem Wetter im Mantel umher, vielleicht kann er sich die Heizung auch nicht mehr leisten, denn das Geld, das er verdient, bringt ihm sofort neue Dinge ins Haus, für die kaum noch Raum ist.

Vom Sammeln und Wiederverwerten, Aufbewahren und nicht wegwerfen Können leben Flohmärkte, Kunst- und Antiquitätenhändler. Warum muß einer Uhren sammeln, ein anderer Teddybären? Was treibt einen dazu, viertausend Vinylplatten aufzubewahren, die er nicht mehr hört, um sie nicht zu beschädigen, und den anderen, alle Comics seit 1950, seinem Geburtsjahr zu horten? Warum hat eine bekannte Entertainerin vierhundert Hüte in ihrer kleinen Wohnung, wozu brauche ich die Sammlung alter Blechdosen? Wozu braucht meine Mutter, die allein lebt, dreißig Teller, vierzig Gläser, zwölf Kochtöpfe? Warum sammeln manche Menschen Kunst? Haben wir in der „zivilisierten" Welt den Klammergriff auf die Dinge gelegt, weil uns die Lebendigkeit verlorenging?

Vor ein paar Jahren wurde in München ein Vietnamese verhaftet. Er hatte in Buchhandlungen und Leihbibliotheken über dreitausend Bücher gestohlen und sie in seinem Einzimmerappartment gestapelt. Arbeiter, die auf einem Gerüst die Fassade ausbessernd einen Blick in das Apartment warfen, riefen die Polizei – sie machten sich Sorgen, der Mann könnte samt seinen Bücher ins Stockwerk darunter abstürzen.

„Ich kann nichts wegwerfen, weil wir im Krieg so eine Not hatten, daß wir um jede Schnur, um jeden Fetzen Papier, um jeden Bleistiftstummel dankbar waren", erzählt Christa, eine achtzigjährige Rentnerin. „Ich kann einfach nicht verstehen, wie leichtfertig heute mit den Sachen umgegangen wird. Der Topf ist verbrannt, weg damit. Auf dem Rock ist ein Fleck, der schwer herausgeht, ab in den Müll." Sie wirft zwar kaum etwas weg, ist aber dennoch nicht sammelwütig, denn sie kauft kaum etwas. Zur Sammelsucht gehört die Konsummiersucht.

Die Macht der Dinge ist in afrikanischen Ländern gefürchtet. „Jeder Gegenstand ist mit einer Energie angefüllt. Du denkst, das nehme ich mit, das ist hübsch. Aber plötzlich fängt dieses Ding an, dich zu beherrschen, zu belasten, deine Handlungen zu steuern. Hüte dich vor dem geheimen Gepäck!" sagte ein Orakelpriester in Benin zu mir. Etwas Ähnliches muß Birgit gedacht haben, als sie nach ihrer Scheidung beschloß, alle Dinge, die ihr geschenkt worden waren, aus dem Haus zu schaffen. Zuerst warf sie alles weg, was ihr die Schwiegermutter gegeben hatte, um die Atmosphäre zu verbreiten, von der sie glaubte, ihr Sohn hätte sie gern: Zierkrüge, Zinnteller, Nippes von irgendwelchen Reisen. Dann warf sie alle Geburtstagsgeschenke weg, befreite sich von allen Möbeln, die sie nicht selbst angeschafft hatte. Am Ende saß sie in der fast leeren Wohnung auf ihrem Schaukelstuhl und atmete auf.

„Mit den Dingen gingen die Erinnerungen, schöne, beklemmende, beängstigende", sagt sie. „Ich saß da, und mein Blick schwebte von keinem Hindernis bedrängt durch das Zimmer! Ich fühlte mich endlich in meinem eigenen Raum."

Eines Nachts saß ich auf einem Bahnhof mit ungefähr zwanzig anderen Reisenden. Wir warteten auf einen Zug, der nicht kam. Mir gegenüber hatte ein Manager seinen Koffer aufgeklappt und machte sich an seinem Inhalt zu schaffen. Irgendwann stand ich auf und wanderte umher. Und dann sah ich, was er in seinem Koffer hatte: lauter Figuren und Spielsachen aus Überraschungseiern. Wieder zu Hause öffnete ich eine der vielen Schubladen meines Küchenschranks, weil ich Klebstoff suchte.

Ich fand: einen Hammer, Schnurknäuel jeder Art und Größe, kleine und größere Plastiktüten, Überweisungsformulare meiner Bank, Briefe und Karten, von denen ich mich nicht trennen konnte, für die ich aber auch keine Verwendung hatte, ein Postgebührenheft von 1997, einen Fahrplan von 1998, Nähgarn in Farben, in denen ich kein einziges Kleidungsstück besitze, und ohnehin nähe ich nie irgendwas. Ich stach mich an einem Nadelkissen mit mindestens fünfzehn Nadeln, darunter lag die alte Rohrzange, die nichts taugt, die ich aber trotzdem nicht weggeworfen hatte. Ein noch verpackter Kamm aus einem tibetischen Hotel lag neben zwei Parfümproben, ich kämme mich nicht mit einem Kamm, ich benutze kein Parfüm. Ganz hinten ertasteten meine Finger jede Menge Streichholzschachteln und -briefe von Restaurants und Hotels, dazwischen Kugelschreiber und ein Zettel von meiner Tochter, vor zwanzig Jahren geschrieben: Du bist in den Rafael ferliebt! Kein Klebstoff.

Vermutlich sollte ich den Inhalt der Schublade einfach in den Müll kippen. Ich sollte die Blechschachteln endlich loswerden. Wegwerfen? Verschenken? Verkaufen? Dann muß ein anderer Mensch sie sammeln... Nein, in den Rafael war ich nie verliebt, aber meine Tochter war damals sehr eifersüchtig.

Die Dinge gewinnen Macht über uns, weil wir die Geister nicht ehren und vergessen haben, daß alle Dinge Energie ausstrahlen, ich könnte auch sagen, von einem Geist bewohnt sind. Je weniger wir mit den Geistern bekannt sind, um so mehr Dinge brauchen wir, die uns umgeben und uns Sicherheit vorspielen.

Manchmal suchen die Geister unsere Nähe und kommen in Gestalt von Dingen. Finde heraus, welche Dinge dich aus welchem Grund umgeben, dann weißt du, was dir fehlt und warum. Um die eigene Substanz, die Quintessenz des eigenen Lebens zu entdecken, ist es notwendig, hinter die Macht der Dinge zu sehen. Das heißt nicht unbedingt, sich von den Dingen zu trennen, aber von manchen, die Macht über uns haben, vielleicht doch.

Weil es so schwierig ist, sich zu entscheiden, was eigentlich überflüssig ist, habe ich mich vor einiger Zeit entschlossen, für jedes Ding, das neu in meine Wohnung kommt, egal ob Briefumschlag, afrikanische Glasperlenkette oder Bettdecke, ein anderes Ding wegzuschenken, wegzuwerfen oder in einem Secondhand-Geschäft anzubieten. Wenn ich fünf Briefumschläge kaufe, werfe ich fünf Zeitschriften weg, die im Klo zur Unterhaltung gestapelt sind. Wenn ich einen Pullover kaufe, gebe ich eine Tüte alter Kleidung in die Kleidersammlung. Es befreit mich, wenn ich mehr Dinge loswerde, als sich bei mir einquartieren. Meine FreundInnen in Afrika helfen mir, die Halde der Dinge abzubauen. Kleidungsstücke, die ich liebe, an Menschen weiterzugeben, die ich liebe, finde ich ein schönes Ritual. Manche meiner geliebten Steine setze ich einfach wieder in der Natur aus.

Besitz macht besessen. Je mehr Besitz sich bei dir anhäuft, um so mehr Energie brauchst du, um die Geister, die darin wohnen, zu besänftigen. Häuser und Wohnungen wollen gepflegt, besucht, bewohnt werden. Bekommen sie nicht, was sie wollen, machen sie Ärger, zwingen dich zur Anwesenheit, bringen sich über notwendige Reparaturen in Erinnerung – wie Menschen, die krank werden, um wahrgenommen zu werden. Wer Besitz hat, will sichergehen daß dieser nicht gestohlen wird. Besitz zu bewachen und zu hüten kann die ganze Lebensenergie eines Menschen auffressen. Die Geister spielen gern mit den Verlustängsten der Menschen.

RITUAL

Quintessenz
Nimm irgendein hübsches Messer, vielleicht ein Taschenmesser oder ein Küchenmesser, und schneide um dich

herum einen Kreis in die Luft: Das Messer trennt dich jetzt symbolisch von allen Dingen ab, die dich umgeben, die dir gehören.

Setz dich in diesen imaginären Kreis und sprich laut aus, wer du bist, was du bist und welche Eigenschaften du hast, gute, schlechte, ohne Wertung. Finde die Quintessenz deiner Persönlichkeit, ohne sie zu beurteilen.

Dann sprich einen Zustand in der Gegenwart aus, den du gern erreichen möchtest. Beschreibe diesen Zustand oder diese Eigenschaft so, als erzähltest du einer Freundin, daß du das gerade erreicht hast.

Am Ende kannst du aussprechen, daß du dich mit allen deinen Kräften liebst und dir alle Fehler und schlechten Eigenschaften von Herzen verzeihst.

Den Kreis kannst du auflösen, indem du zweimal in die Hände klatschst.

Bei einer Lesung konfrontierte mich ein Hirnforscher mit folgender Frage: Woher weißt du, daß du nicht ein Hirn in einer Nährlösung bist? Diese Frage scheint so absurd wie die Behauptung der Buddhisten, nichts existiere wirklich. Wir spüren doch die Gegenstände um uns herum, schmecken das Essen, weinen, lachen, intrigieren usw.

Bleiben wir zum Spaß bei der Frage des Hirnforschers. Was wäre, wenn sie gar nicht so absurd wäre? Impulse wie Liebe, Glück, Hunger, Sättigung, Durst, Kummer lassen sich ja tatsächlich per Berührung der entsprechenden Hirnzellen durch Elektroden auslösen.

Ist jedes Gefühl steuerbar? Wird jedes Gefühl gesteuert? Und warum sind wir so blöd und lassen uns hineinsteuern? Wird nicht die Sehnsucht nach einer schlanken Figur durch Abbildungen aller Art gesteuert? Die Sehnsucht nach Mann, Familie, Heim und Aktien durch entsprechende Werbung, Artikel, TV-Sendungen?

Gibt es ein Grundbedürfnis nach dem „kleinen Schwarzen"?

Gibt es die Sehnsucht danach, in Mallorca am Strand zu liegen?

Gibt es überhaupt das Bedürfnis nach Erholung in einem Urlaub?

Gibt es Mutterliebe?

Gibt es das elementare Bedürfnis nach ständiger Fortbewegung?

Gibt es, wenn wir schon dabei sind, die Liebe?

Gibt es irgendein Gefühl, irgendeinen Impuls, irgendeine Regung, die über auszulösende Reize im Gehirn hinausgehen?

Wenn ich einen Konflikt mit einer Frau habe, ist dann der Impuls, sie mit allen gesellschaftlich geprägten Vorurteilen und Gemeinheiten, die je gegen Frauen erfunden wurden, verbal zu vernichten, ein natürlicher, ein anerzogener, ein eingeübter, ein erwarteter?

Wenn ein Mann mich demütigt, beleidigt und mies behandelt, ist der Impuls, ihm zu verzeihen, wieder mit ihm ins Bett zu steigen und ihn zum romantischen Liebhaber zu schönen, ein Dressurakt, eine freie Entscheidung oder Anpassung an die gesellschaftliche Realität? Was wäre der ursprüngliche Reflex? Warum greift der nicht?

Vielleicht leben wir ja alle in einer Art Versuchslabor, in dem die Wechselwirkung von Bedürfnisbefriedigung und Verweigerung, Behinderung und Freisetzung, Frustration und Zugeständnissen an menschlichen Zellen erprobt wird?

Wie würdest du dich verhalten, wenn du wüßtest, daß du Teil eines Forschungsprojekts bist und an dir Reaktionen getestet werden?

Hast du nicht manchmal das Gefühl, das Leben sei irgendwie absurd, irgendwie ohne wirklichen Sinn? Wenn dieser Gedanke in dir auftaucht, was ist dann deine Reaktion? Wie reagierst du auf den Raub deiner existenziellen Kraft? Glaubst du, daß es zum Leben gehört, manchmal depressiv zu sein und keinen Sinn mehr zu sehen? Warum glaubst du das?

Würdest du den Boden unter den Füßen verlieren, wenn du überzeugt wärst, daß es keinen Sinn im Universum gibt? Brauchst du zur Rechtfertigung deiner Existenz das Gefühl, daß alles Sinn hat? Und wie würde dieser Sinn sich anfühlen? Welche Zutaten deines Lebens würden dann nicht hineinpassen? Welche Tätigkeiten würdest du dann bestimmt nicht mehr ausführen? Kann der Sinn des Lebens überhaupt in dieser Möglichkeitsstruktur diskutiert werden?

Ist es nicht dein Sinn, den du allein bestimmst und du allein lebst?

Hast du dich nicht schon viel zu lange damit aufgehalten, was andere von dir denken, wie du gesehen, akzeptiert, geliebt wirst? Ist es nicht unbefriedigend, das Funktionieren deines eigenen Lebens von anderen Menschen abhängig zu machen, die im übrigen genauso unzuverlässig, genauso unsicher, genauso ratlos sind wie du? Wäre es nicht sinnvoller, die Struktur, innerhalb der du die Fülle deiner Impulse und Energien ordnen und ausleben willst, selbst zu gestalten? Du kannst das nicht? Wie wäre es mit einem Lernprozeß?

Hättest du wirklich noch soviel Angst vor anderen, wenn du wüßtest, daß fast alle genauso unsicher sind wie du, genausowenig über die Welt, das Universum, die Zusammenhänge von Leben und Tod, die Entstehung allen Lebens wissen wie du? Selbst Wissenschaftler rätseln ja nur herum, wirkliche Antworten gibt es nicht, es gibt nur die stärkere Überzeugungskraft, aber daß dabei eine Wahrheit herauskommt, liegt doch im Bereich der Mythen. Selbst physikalische Gesetze ändern sich im Lauf der Zeit, und die Mathematik nähert sich in ihrer extremen Ausdehnung der Metaphysik, dem Mythos an.

Wenn Behauptungen aufgestellt werden, von Politikern, Wissenschaftlern, Fachleuten, handelt es sich immer um die Summe bereits durchlebter Erfahrungen, nie um wirkliche universelle Gesetze oder Erkenntnisse. Alles gilt nur bis zum Beweis des Gegenteils, auch wissenschaftliche Erkenntnisse. Würdest du selbst weiterdenken, wenn du wüßtest, daß auch die Wissenschaft nur bereits bekannte Tatsachen kolportiert und nur dahin forscht, wo sie mit ihren Erkenntnissen schon herumdümpelt?

Würdest du selbst forschen und dein ganzes Leben verändern, wenn du wüßtest, daß es vielleicht auf deine Entdeckung, auf deine Erfahrungen ankommt?

Warum blockierst du dich damit, daß du dir sagst, du bist unwichtig, du hast keine besonderen Erkenntnisse, und was du denkst, schreibst, sagst oder träumst, ist für niemanden von Bedeutung?

Warum läßt du dich in Strukturen zwingen, die nicht einmal von der Wissenschaft abgesichert sind, wie zum Beispiel: Wenn ich alt werde, verschleißt mein Körper, ich werde schwächer, ich habe Altersabnutzungen usw.?

Warum stellst du deine wesentlichen Fragen anderen Menschen – PsychotherapeutInnen, BeraterInnen usw. – statt dir selbst?

Bist du dir nicht soviel wert, daß du wenigstens für die kurze Zeit, die du hier bist, wesentliche Entdeckungen über dich selbst machen willst?

Wer kann dir sagen, wie es dir geht, was dir fehlt, was du brauchst, außer dir selbst? Warum nimmst du dir nicht die Zeit und erforschst das?

Wenn wir Teil eines Experiments in einem Forschungslabors wären, würde es die beobachtenden Forscher nicht erstaunen, wenn wir die Forschung erforschen würden?

Woher kommt die Idee, daß es einen Gott gibt?

Hängt Gott an den Fäden eines noch größeren Gottes?

Ich glaube, dieses riesige Wesen hat mich angesehen, sagte die Ameise zu ihrer Freundin, als ein Mensch über den Ameisenhaufen stieg. Deine esoterischen Anwandlungen nerven mich, sagte die Freundin.

Wohin fällt ein Wort, wenn es gesprochen ist?
Wohin treibt ein Gesang?
Wo landen E-mails und Internetbotschaften,
*   nachdem sie*
Abgesendet sind?
Wohin geht der Brokkoligeruch, der mir
Bis zur Wohnungstür gefolgt ist?
Was ist, wenn es keinen Tod gibt?

Warum identifizieren wir uns im sogenannten Tod mit dem Zerfall der Zellen und nicht mit der Unsterblichkeit der Erbinformation in jeder Zelle, die sogar Jahrtausende nach dem Tod eines Menschen aus kleinsten Teilen des Körpers noch abgefragt werden kann?

Warum identifizieren wir uns mit dem Zerfall des Körpers, wenn wir Krebs haben, und nicht mit den unsterblichen Krebszellen?

Was würde passieren, wenn wir die Krebszellen als neues „Ich" in uns aufnähmen und uns mit ihrer Unsterblichkeit verbänden?

Was würde mit unserem Körper, mit unserem Geist passieren, wenn wir nicht an einen Tod glaubten?

Wenn es Dualität nicht gibt, warum gehen wir dann bei Leben und Tod von zwei unvereinbaren Gegensätzen aus?

Warum stirbt der Körper nicht unbedingt, wenn er mit Junkfood, Alkohol und Nikotin gefüttert wird? Sitzen wir, was die Erhaltung des Körpers angeht, einem Mythos auf?

Wie verändert Nahrung das Denken? Denken VegetarierInnen schärfer? Sind Menschen, die gesund leben, auch gesünder?

Welche Probleme wurden durch die invasive Medizin (schneiden, operieren, Körper öffnen, spritzen, Infusionen) überhaupt erst geschaffen, und was würde passieren, wenn wir auf sie ganz verzichteten?

Wie viele ärztliche Behandlungen, Operationen, Therapien, medikamentöse Verordnungen dienen nur der Ausbildung von jungen ÄrztInnen zu FachärztInnen oder den Kreditbedingungen zwischen Pharmafirmen und niedergelassenen ÄrztInnen?

Hat die invasive Medizin, bei der gespritzt, geimpft, geschnitten, operiert und amputiert wird, mehr Probleme geschaffen, als sie lösen konnte?

In welcher Umlaufbahn kreist du? Welches magnetische Feld hält dich in deiner Bahn?

Warum sagen wir zwar, das Leben ist kurz, aber nicht, das Leben ist kurz und schmerzlos?

Was würde passieren, wenn du die Verantwortung für dein Leben, deine Handlungen, dein Nicht-Tun wirklich in die eigenen Hände nähmest?

RITUAL

Loslassen
Du kannst dieses Ritual allein oder mit Freundinnen an einem Weiher, Fluß oder Springbrunnen oder auch in deiner Wohnung mit einer Schale Wasser machen.

Wenn mehrere das Ritual machen, stellt ihr euch in einen Kreis. In die Mitte habt ihr eine Schale mit Wasser gestellt. Die erste spricht alles in den Stein hinein, was sie loslassen will, wäscht den Stein in der Schale, gibt ihn der Frau zu ihrer Linken weiter, die spricht alles hinein, was sie loslassen will, wäscht den Stein und gibt ihn der Frau zu ihrer Linken weiter, und so fort, bis alle dran waren. Die letzte legt den Stein auf die Erde.

Dann fängt die erste Frau wieder an, nimmt die Schale mit Wasser, spricht aus, in was sie die Kraft, die losgelassen wurde, verwandelt. Sie gibt die Wasserschale der Frau zu ihrer Rechten, die spricht aus, in was sie das alles verwandelt. Diesmal wandert die Wasserschale rechts herum, bis alle dran waren.

Wenn das Ritual auf einem Platz im Freien stattfindet, könnt ihr das Wasser in den Fluß oder den Weiher schütten. In der Wohnung können die Blumen damit begossen werden.

Ich empfinde es so, daß eine Drehung nach links aus der alltäglichen Energie hinausführt, tiefer in spirituelle Ruhe und Heiterkeit. Die Bewegung nach rechts bringt dich wieder zurück in die alltägliche Wirklichkeit.

Wenn du das Ritual allein machst, nimmst du genauso eine Schale Wasser und einen Stein, sprichst alles in den Stein hinein, was dein Herz beschwert, wäschst dann den Stein in der Schale und rasselst und singst ein wenig. Dann sagst du, in was sich diese Energie verwandeln soll, und schüttest das Wasser wie oben beschrieben weg.

Gib's zu: Du wirst, wie ich und alle anderen Humanoiden auf diesem Planeten, von Unmöglichkeiten in Schach gehalten. Die Phantasie träumt dahin – peng! Unmöglich! Ich könnte Sängerin werden! Unmöglich. Ich kann ja gar nicht singen. Ich möchte einmal um die ganze Welt reisen. Vergiß es! Die Kinder! Der Job! Fliegen! Hahaha, das haben schon ganz andere versucht! Die ganz Anderen! Die Fähigen, die Genialen! Werden sie dir nicht immer als Beweis der absoluten, ja der absolutistischen Grenzen vorgehalten! Wenn's der XY nicht geschafft hat, wie willst du kleine graue Maus es dann schaffen?! Das kann ich nicht bringen! Dann falle ich auf die Schnauze, und alle sagen: Siehst du, das hast du jetzt davon.

Bleib auf dem Boden. Sei realistisch. Das Hirn ist ja irgendwie immer bereit, sich gefangen nehmen zu lassen. Reine Gewohnheit. Und die Welt ist voll von Leuten, die alles besser wissen und dir sagen können, was geht und was nicht. Unbeeindruckt von allem, was mittlerweile möglich wurde und, sagen wir, im Mittelalter für Magie gehalten worden wäre, sagt die Vernunft immer: Na gut, Internet, schnurloses Telefon, Menschen im All, das gibt's ja – aber...

Aber ist ein mächtiges Wort. Es ist das Stoppschild für jede Phantasie. Für jeden noch so bescheiden ausgestatteten Traum kann dir deine Familie, die Bäckerin, der Lehrer, der Mann, ein Wissenschaftler sofort sagen, warum der nicht funktioniert. Und irgendwo in der Beweisführung tauchen diese mythischen „ganz anderen" auf, die es versucht haben und gescheitert sind.

Sogar alltägliche Entgleisungen werden schnell rational enttarnt. Raucht jemand, werden die vielen Lungenkrebstoten heraufbeschworen. Nie sagt jemand: Da raucht eine seit dem sechzehnten Lebensjahr wie ein Kamin und feiert heute putzmunter den 75. Geburtstag. Obwohl so was ja ständig vorkommt. Ich sah die 93jährige Fotografin Eva Kemlein Kette rauchen und mit großem Interesse Menschen in einem Theater fotografieren. Ich sah auch schon Menschen an Lungenkrebs sterben, die nie geraucht haben. Ich sehe Menschen ungesund essen, fressen sogar, denen nichts fehlt. Ich sehe Menschen, die sich bewußt ernähren, todkrank werden. Ich sehe Kriminelle ohne schlechtes Gewissen lügen und munter dahinleben, während ehrliche Menschen sich unter der Last der Welt krümmen.

Nichts von dem, was geschieht, ist Beweis für irgend etwas. Aber wir zimmern uns beharrlich die Wände zurecht, die uns den Ausblick auf allzu kühne Träume versperren sollen, damit wir nicht „übermütig", allzu mutig werden. Daß die Begrenzungen das Resultat emsiger Kleinarbeit all jener sind, deren Träume schon zerstört, deren Hoffnungen begraben wurden, taucht nur gelegentlich als Zweifel im starrer werdenden Denkgebäude auf.

Versuchst du, einen Politiker zu kritisieren, der Blödsinn redet, wirst du bestimmt von einer Flut rhetorisch zurechtgefeilter Sätze begraben. Du verstehst eben nichts von Politik. Von Wissenschaft verstehst du auch nichts, also halt lieber deinen Mund, bevor du dich lächerlich machst. Diese Angst vor der Blamage, vor der Lächerlichkeit! Und die Bereitwilligkeit der anderen, hämisch zu lächeln, weil sie vielleicht schon mal gedacht haben, was du aussprichst, aber vorsichtshalber ihren Mund hielten.

Kluge Entscheidung, wie sich jetzt herausstellt. Sie haben sich nicht blamiert.

Da schreit ein Typ seine Frau an. Misch dich nicht ein. Der wird schon seine Gründe haben. Da machen ein paar Vollidioten einen Ausländer nieder. Schau weg, was es bringt, sich einzumischen, wissen wir doch! Da wirst ausgerechnet du etwas ändern können!

Du bist schwer krank und willst versuchen, dich selbst zu heilen? Wirst schon sehen, was du davon hast, wenn du nicht gesund wirst und alle vorwurfsvoll sagen: Wärst du halt zum Arzt gegangen! Die moderne Welt ist in ihren Denkmustern absolutistischer geworden, als man sich das im Mittelalter vorstellen konnte.

Wenn die Kirche damals sagte, die Erde ist das Zentrum des Universums und eine Scheibe, war das halt ein Dogma, um das sich lebendige Hirne durchaus herumgedacht haben. Jetzt sind die Dogmen Allgemeinbildung. Das Fernsehen glättet die Gedanken zu hübschen flachen Bildmustern. Träume sind für Normalverbraucher nur auf Schiffen oder in Zusammenhang mit Einbauküchen und Männern im Anzug zu haben. Die Testosteronfraktion wird mit technologischen Neuheiten, Berechnungen und Kriegen beschäftigt, die Östrogenattrappen werden zum Flickschustern an einem kranken System verdonnert, heilen, helfen, sorgen, weinen. Alle haben zu tun.

Die Planeten Uranus und Neptun zum Beispiel haben sich an die wissenschaftlichen Vorschriften nicht gehalten und sind entstanden, obwohl nachträgliche Computerberechnungen ihre Existenz nicht begründen können. Sie dürften gar nicht existieren, wenn es nach der Wissenschaft ginge.

Das dualistische Weltbild des Mittelalters – hier die materielle Welt, dort die Religion – wurde von der neuen cyberideologisch geprägten Weltsicht abgelöst: hier die Welt, dort die Welt der Impulse. Kann das schon alles gewesen sein? Vielleicht gibt es so viele Welten und Räume, wie es Träume gibt? Andere Daseinsebenen bieten sich an, aber wir haben nur eins im Sinn: sie zu verwerfen, weil sie uns unwahrscheinlich vorkommen. Weil sie bisher von niemandem „bewiesen" wurden. Dabei gibt es überhaupt kein Recht auf den linearen Ablauf von Zeit und Ereignissen. Wir sind es halt so gewöhnt und können uns nichts anderes vorstellen. Aber Gewohnheit ist noch lange keine absolute Wahrheit.

Immer wieder taucht die Formulierung auf: Ich bin betrogen worden. Der Vater einer Freundin lag im Sterben und schrie in der bitteren Erkenntnis, daß alles zu spät war: Ich wurde um mein Leben betrogen. Simone de Beauvoir erkannte, daß ihre Erziehung zur bürgerlich angepaßten Frau ein Betrug an ihrer Kraft, an ihren Möglichkeiten war. Sie wartete nicht bis zum Augenblick ihres Todes, schrieb „Das andere Geschlecht" und öffnete damit eine Tür für sich und für andere Frauen. Betrug liegt wie ein fader Geruch in allen Ehebetten, wie ein schlechter Geschmack auf der Zunge der Frauen, die „intuitiv" wissen, daß sie einem falschen Leitbild aufsitzen und nicht die Kraft haben, zu anderen Bildern überzugehen.

Unser ganzes Leben ist nicht von Wahrheiten, sondern von Glaubenssätzen geprägt. Eine Blasenentzündung holt sich eine Frau also vom Barfußlaufen und nicht etwa vom Geschlechtsverkehr. Küssen erhöht die Wahrscheinlichkeit, sich Krankheitserreger zu holen. Hat das schon mal zwei Menschen davon abgehalten, sich zu küssen, wenn sie sich verlieben? Dick werden Menschen vom fetten Essen, nicht von der Resignation, der Hoffnungslosigkeit, die dem besinnungslosen Hineinstopfen von Nahrung zugrunde liegt. Im Ausland, zumal in südlichen oder gar tropischen Ländern, steigen die Chancen, schwer krank zu werden. Daß Menschen hierzulande am Autoverkehr, an Herz- und Kreislauferkrankungen wie die Fliegen sterben, stört die Vernunft kein bißchen. Viren sind die großen Feinde unserer Zeit. Vielleicht sind sie eigentlich als Freunde gekommen? Blödsinn. Viren sind intelligente Wesen? Die einzig intelligenten Wesen im Universum sind Menschen, das weiß doch jedes Kind! Mag auch die tägliche Praxis unsere Glaubenssätze hundertfach widerlegen: Was wir einmal glauben, ist schwer aufzulösen.

Deepak Chopra beschreibt in seinem Buch „Unconditional Life" ein bemerkenswertes Experiment. Zwei Gruppen von über siebzigjährigen Menschen wurden in Urlaub geschickt. Die eine Gruppe hatte einfach einen erholsamen Urlaub auf dem Land, die andere Gruppe wurde in einer Art Zeitmaschine in die fünfziger Jahre versetzt. Das Fernsehen zeigte Programme aus der Zeit, es gab nur Zeitungen und Bücher zu lesen, die es in den fünfziger Jahren gab, als diese Menschen jung waren. Eine Woche reichte, um bei dieser Gruppe eine Art Verjüngung hervorzurufen. Sie wurden wacher, lebendiger, körperlich straffer. Die Veränderung hielt sich im Alltag auch nach der doch kurzen Zeit der „Rückführung". Sie trugen ihr Gepäck selbst und wehrten sich gegen Bevormundung durch ihre Kinder.

Ein ähnliches Phänomen kennen Frauen, die sich im Alter plötzlich verlieben. Alles scheint wieder möglich. Sie brechen aus den Erwartungen ihrer Umwelt aus, scheren sich nicht mehr um die Zweifel und Vorwürfe ihrer Familie und Freunde. Auf einem Rockkonzert sah ich ein paar Frauen tanzen. Von hinten sahen alle ungefähr gleich alt aus, später sah ich, daß eine viel ältere Frau unter ihnen war. Sie wollte die Musik hören, wollte tanzen und vergaß die Programmierung: Dafür bist du zu alt. Du machst dich lächerlich.

Im Gegensatz zu den Glaubenssätzen der Hochglanzmedien, die „jung" mit „begehrenswert" gleichsetzen, geht es in Wirklichkeit um das Gefühl der Lebendigkeit. Muß ich aufhören zu leben, weil ich alt werde? Wie ein Kuchen, der in einer bestimmten Form aufgeht, wachsen auch wir in vorgegebenen Formen. Aber es gibt einen Unterschied: Da ist keine Form.

Um die Strukturen im Hirn zu verändern, müssen wir unsere Alltagsgewohnheiten verändern. Nur indem wir Neues eingeben, fällt Altes, nicht mehr Brauchbares heraus. Um aus dem Rahmen zu fallen, müssen wir riskieren, uns lächerlich zu machen, verunsichert zu werden. Aus diesem Grund gibt es in fast allen spirituellen Traditionen GöttInnen oder Geister, die alles falsch machen. Vom Heyoka der Hopi bis zu Eshu in Nigeria braucht das Heilige ein Wesen, das sich lustig macht, um die Substanz immer wieder neu herauszufiltern.

Als ich jung war, ging ich nie tanzen. Das interessierte mich einfach nicht. Ich reiste, machte ein bißchen Revolution, entwickelte meine Ideen. Versank im Zwiegespräch mit der Natur, stieg auf Berge. Vor ein paar Jahren hatte ich Lust, endlich mal Kopfstand und Handstand zu lernen, meine körperlichen Grenzen auszudehnen, tanzen zu gehen. Ich wurde nach einer Zeit stiller Zurückgezogenheit sehr wild, was meine Tochter irgendwann zu der Bemerkung veranlaßte: „...als du noch alt warst..."

Chopra berichtet von einem Kollegen der viel rauchte und hustete. Er überredete ihn, seine Lungen röntgen zu lassen, und tatsächlich zeigte sich auf dem Röntgenbild ein Tumor. Wenige Wochen nach der Diagnose starb er. Nach seinem Tod fiel Chopra eine fünf Jahre alte Röntgenaufnahme des Kollegen in die Hände. Auch auf dieser war der Tumor vorhanden, aber übersehen worden. Warum hatte er fünf Jahre überlebt und war erst nach der tödlichen Diagnose gestorben?

Warum sind wir mit der Begründung des Wahrscheinlichen immer schneller bei der Hand als mit der Ermutigung zum Unwahrscheinlichen? Warum haben manche Menschen einen Jetlag, wenn sie weite Strecken fliegen, und andere nicht? Unterwerfen sich die einen der Erkenntnis, daß es den Körper anstrengt, in der Zeit zurück oder vorwärts zu reisen, während die anderen diese Begrenzung einfach nicht mitdenken?

RITUAL

Verbündete rufen
Zur Vorbereitung dieses Rituals ist es wichtig, daß du dir Gedanken darüber machst, welche Frauen aus deiner Umgebung, Künstlerinnen oder Wissenschaftlerinnen dich positiv beeinflußt und genährt haben, welche Kräuter oder Substanzen dich geheilt oder entzückt haben, welche Tiere du gern hast, mit welchen du Begegnungen hattest und welche, welche Steine du magst, welche du als Heilsteine sehen kannst usw. Du wirst dir also darüber klar, daß du dein Leben nicht etwa als abgeschlossenes Vakuum, als isoliertes Einzelteil meisterst, sondern in Verbindung mit anderen Menschen oder Wesen. Finde also zuerst einmal diese Wesen heraus.

Dann mach dir eine Koordinatenkarte, in die du folgende Themen einträgst:

Als welches Tier würdest du gern wiedergeboren werden?

Welche Kräuter empfindest du als heilsam?

In welchen Pflanzen kannst du dir Feen vorstellen oder hast sie schon gesehen?

Welche Steine sind für dich Heilsteine oder geben dir besondere Kraft?

Welche geographischen oder allgemeinen Orte (allgemeine Orte sind z.B. Berggipfel, Quellen, Wald, Wüste usw. – also nicht geographisch definierte Plätze) empfindest du persönlich als Kraftorte, wo kannst du dich „aufladen"?

Welche Menschen oder mythischen Personen stärken dich?

Welche Substanz empfindest du als Kleidung oder auf deiner Haut als magische Stärkung (das kann Lehm, aber auch Cashmere sein)?

Was ist deine Lieblingszahl?

Welche Nahrung empfindest du als deine persönliche Kraftnahrung?

Alle diese Fragen können natürlich unbegrenzt viele Antworten in dir auslösen.

Wenn du alle Fragen beantwortet und für jede mindestens eine Antwort gefunden hast, kannst du in einem Ritual diese Verbündeten rufen. Du legst einen Kreis aus Steinen oder Muscheln oder ziehst ihn mit einem Stock in der Erde oder legst ihn aus Körnern, Mehl oder Bohnen. Dann rufst du zuerst die vier Elemente, dann deine Verbündeten. Setz dich eine Weile in den Kreis und nimm wahr, was geschieht, bleib ganz konzentriert und wach. Wenn du das Gefühl hast, daß es für dich gut ist, schließ das Ritual ab, indem du dich bei den Gerufenen bedankst und den Kreis an einer Stelle auflöst, öffnest.

Die Fragen und die Antworten kannst du immer neu bearbeiten, kannst dir Bilder dazu malen, kleine Schreine dazu bauen. Für mich ist das Thema der Verbündeten Begleitung durch das ganze Leben. Je klarer du dir der Energien bewußt bist, die dich unterstützen, stärken und begleiten, um so lustvoller wird sich dein Leben gestalten lassen.

Wenn es keine Pause gibt, komm ich nicht mit, sagte eine Frau zu ihrem Mann, als er sie ins Theater schleifen wollte. Und eine der wichtigeren Schulreformen war wohl, daß nach fünfundfünfzig Minuten Unterricht eine fünf Minuten dauernde Pause fällig wird. Pausen sind nicht nur für Erholung von Körper und Geist existenziell notwendig, sie sorgen auch für gründlichere Aufnahme von Wissen, für ein Einsinken von Fakten in Ruhestellung. Wir lernen im Schlaf, was wir am Tag aufgenommen haben. Den ihren gibt's die Frau im Schlaf!

Warum Pausen für den produktiven Prozeß so gering eingeschätzt werden, ist mir sowieso schleierhaft, denn wer Pausen macht, sich gut erholen kann, arbeitet sorgfältiger, fängt mit neuer Kraft wieder an und kann sich besser konzentrieren.

Industriebetriebe scheinen Pausen eher als Störung, als nicht gewinnbringend und deshalb überflüssig einzuschätzen. Das ist das Problem mit dem Kapitalismus: In der Grundstruktur ist er dumm. Produktions- und leistungsorientierte Menschen denken nicht weit genug, sie vergessen, daß regenerative Energie für die Qualität des Produkts möglicherweise wichtiger sein kann als die produktive Energie.

Hinter der Mißachtung des Ruhebedürfnisses von Arbeitern, Angestellten und produktiven Kräften steckt natürlich eine menschenverachtende Haltung: Wozu soll ein Mensch sich regenerieren? Er wird ausgepreßt, und wenn er nicht mehr leistungsfähig ist, wird ein neuer eingesetzt. An Menschen mangelt es ja nicht.

You needed a break, sagte meine in England lebende Schwester zu mir, als sie von meinem Verkehrsunfall erfuhr. Break heißt Bruch und Pause zugleich. In der Tat hat mir diese Zwangspause ein paar wichtige Erkenntnisse gebracht: Ich bin durchaus nicht unersetzlich. Die Welt dreht sich weiter, auch wenn ich nicht herumtoben kann. Wenn Aktivitäten für eine Weile wegfallen, breitet sich der Geist, die Phantasie, die Imagination aus. Erst träumen, dann handeln! Ich fand zu einer neuen Gelassenheit, zu einer losgelösten Heiterkeit, denn erst im Innehalten wurde mir klar, wie köstlich das Nichttun ist und wie sehr ich es brauche.

Von eben dieser Erkenntnis geht Yoga aus. Anspannung und Entspannung im Wechsel bilden die kunstvolle Balance, in der der Körper vom Geist lernen kann. Aus extremen Dehnungen des Körpers in köstliche Entspannung zu gehen bringt überhaupt erst Bewußtheit über die Arbeit der Muskeln. Im vollen Lotussitz wird der Fluß der Lumbalflüssigkeiten, also der Flüssigkeiten in der Wirbelsäule und im Gehirn, zur Ruhe gebracht, und die Knochen stellen ihre feine Bewegung ein. Aus dieser völligen Ruhe heraus entwickelt sich jede folgende Bewegung neu, läßt sich der Körper ganz neu wahrnehmen.

Die Pause, das Stillehalten sind durch vorherige Bewegung, Aktion, Aktivität, Leistung definiert. Stillehalten allein, ständige Bewegungslosigkeit würde den Körper ebenso belasten wie ständige Aktivität oder Anspannung. Erst im Wechselspiel zwischen Ruhe und Bewegung, in diesem Grenzbereich, der sich nie ganz definieren läßt, weil es keine wirkliche Dualität gibt, läßt sich das Körperuniversum neu schaffen, die Welt neu schöpfen.

Abwarten – Tee trinken. Es gibt kaum eine Anweisung, die mehr Weisheit enthält. Abwarten, Pause machen, nicht tun. Nicht strampeln, nicht das Hamsterrad drehen, nicht hecheln und rennen und sich bemühen. Nicht „g'schafteln", nicht sich wichtig machen, nichts wollen, nichts anstreben, nirgendwohin fahren. Niemanden abholen, nichts befördern, nicht telefonieren, nicht faxen, nicht lesen, nicht schreiben. Abwarten.

Wieviel Energiepotential im Abwarten steckt, wie gefährlich das Abwarten von allen Industrienationen eingeschätzt wird, kannst du daran sehen, daß warten, nicht tun, sich gelassen zurücklehnen als Angriff auf das System gesehen wird. Aber so wie etwa achtzig Prozent aller Krankheiten ganz von selbst vergehen, lösen sich auch achtzig Prozent aller Probleme und Schwierigkeiten, indem du einfach nichts tust. Und je weniger du herumstrampelst, um so genauer erkennst du die zwanzig Prozent, die unbedingtes Eingreifen erfordern.

Denk an das magische Prinzip: MIT GERINGSTMÖGLICHEM AUFWAND GRÖSSTMÖGLICHE WIRKUNG ERZIELEN.

Um entscheiden zu können, welche Wirkung du brauchst und wie sie am besten angepeilt wird, brauchst du Ruhe, Muße. Brauchst vielleicht ein Faß, jedenfalls ein virtuelles, symbolisches Faß wie Diogenes. Wenn du nicht losläßt, hast du keine Hand frei. Aber noch wichtiger ist: Was du nicht hast, kannst du auch nicht loslassen. Wenn du dein Rennen selbst organisierst und anpeitschst, kannst du unmöglich den Kopf dafür frei haben, was das Rennen überhaupt soll.

Pause. Abwarten – Tee trinken.

Tee trinken, in asiatischen Ländern eine weit verbreitete Meditationstechnik, ist eine besonders wohltuende Form der Versenkung ohne dogmatische Nadelstiche. Wer Tee trinkt, führt nicht nur dem Körper Wärme und genügend Flüssigkeit zu, sondern nimmt auch Stoffe auf, die das Immunsystem, das Herz, die Nieren und die Leber stärken. Wenn du es gern dogmatischer hast, kannst du zu japanischen Teezeremonien gehen. Du kannst aber auch einfach innehalten, die Zeit anhalten, die Körperströme zum Ruhen bringen und genießen, daß alles fließt.

Das gibt dir eine schöne Gelegenheit, die Befindlichkeit deines Körpers zu erforschen.

Welche Gerüche nimmt deine Nase auf? Was stinkt dir (schon lange)? Was liebst du? Warum gibst du dir diese Immunstärkung durch Düfte nicht öfter? Warum hältst du dich dort auf, wo Gerüche dein Körperuniversum stören?

Wie nimmst du Nahrung auf? Schmeckst du überhaupt was? Schlingst du dein Essen in dich hinein, weil du nicht genug Zeit hast? Überraschst du deine Geschmackspapillaren gelegentlich mit Nahrung, die sie nicht kennen? Das ist jedenfalls eine gute Möglichkeit, die körpereigene Abwehr zu stärken, die Gewohnheitsmodule im Hirn zu überrumpeln und neue Empfindungen einzuschleusen.

Was brandet an deiner Haut an? Ist es angenehm? Unangenehm? Wie streichelt dich die Luft? Wieviel Gelegenheit hat sie überhaupt dazu? Gib ihr neue Möglichkeiten. Geh an Orte in der Natur, wo du geborgen bist, dich ausziehen kannst und die Luft neu spüren lernst. Gib dich Hautempfindungen hin: weiches Gras, Steine, die ihre Botschaften in deine Fußsohlen, deinen Rücken drücken. Reib dich an der Rinde eines Baums.

Was hörst du? Wie viele Geräusche mußt du wegfiltern und ignorieren, damit sie dich nicht verrückt machen? Suche Orte, an denen du die Geräusche liebst. Setz dich an einen Fluß und höre auf sein Rauschen und Wirbeln. Achte auf die feinen Geräusche hinter dem Lärm. Hör auf die Vögel, die sogar in der Stadt ihre Lieder trällern.

Welche Bilder nehmen deine Augen auf? Nimm es genau wahr. Such immer wieder Orte auf, an denen du deinen Augen wohlige Überraschungen bereiten kannst.

Gestalte deine Wohnung so, daß alle Sinne angeregt werden, sich entfalten können. Schaff dir eine eigene Welt, in der du aufblühen kannst.

RITUAL

Einen Hausaltar aufbauen
Such dir einen Ort in deinem Zimmer, deiner Wohnung, deinem Haus, deinem Garten, wo Platz ist für einen spirituellen Raum. Du kannst einen kleinen Altar oder Schrein aus Ziegelsteinen, aus einer Kiste, einer Schachtel errichten, du kannst aber auch einfach nur Dinge auf ein Tuch oder ein schönes Papier legen, die dir „heilig" sind, spirituelle Kraft geben. Steine, Muscheln, Idolfiguren, Erde, Sand, Räucherwerk, Kerzen, Wasserschale – der Phantasie sind keine Grenzen gesetzt. Ein Hausaltar ist deshalb so schön, weil du dich davor hinsetzen kannst, um nichts zu tun. Um zur Ruhe zu kommen und deine Gedanken zu sammeln oder wie Wolken ziehen zu lassen. So ein kleiner Schrein verändert die Atmosphäre in der Wohnung, vertreibt unangenehme Einflüsse aller Art und sogar Einbrecher.

Wozu braucht man einen Hausaltar? Ist das nicht so ein Relikt aus katholischen oder sonstigen monotheistischen Ideologien? Natürlich muß jede das für sich selbst entscheiden. Für mich ist ein Hausaltar, also ein spiritueller Ort in meinem Alltag die Erinnerung an die nicht greifbare, nicht berechenbare Ebene, die gleichzeitig die mächtigste Nahrung bietet.

Lügen sind lebensnotwendig. Tausend kleine Lügen helfen uns, das lebbare Gewebe von Ehrbarkeit, Freundschaft, Rücksicht, Anteilnahme, Interesse, Zuwendung immer wieder auszubessern und neu zu fertigen. Ohne die kleinen Notlügen würden wir ständig in existenzielle Diskussionen verwickelt werden. Der eigene Lebensentwurf webt sich aus grundsätzlichen Lebensbedingungen wie atmen, trinken, essen, wohnen. Der Rest ist virtuelle Realität: Träume, Wünsche, Pläne, Aufarbeitung von Ereignissen, Sehnsucht. It's all in the mind. Mit kleinen Lügen flicken wir ein brüchig gewordenes Gewebe. Keine große Affäre – solange wir es selbst noch wissen.

Was alles hat Platz in deinem Kopf?

Wem hast du Zutritt gewährt?

Wer träumt seine Träume in deiner Phantasie?

Vor den Lügen kommen die Wahrheiten: Bist du zur Ideologiesklavin/zum Ideologiesklaven eines Systems, eines Menschen geworden? Hat dich jemand mit seinen Dogmen vollgepumpt, bis du nicht mehr „ich" sagen kannst?

Je strenger die Vorschrift, um so wildwuchernder die Lügen im Umfeld. Je größer der Druck, um so heftiger die verlogenen Ausweichversuche. Das Genialste an diesem System, in dem wir uns alle durchschlagen, ist natürlich, daß ein Gewebe aus Lügen mit dem Ethos präsentiert wird, Lügen seien verwerflich, kriminell. Wer soll da froh werden, ruhig schlafen und ausgelassen herumtoben?

Versuchst du dich von dem zu ernähren, was für andere schon unverdaulich war? In Ermangelung wirklicher

Nahrung vielleicht? Was ich damit meine? Wann hast du aufgehört, dein Leben zu träumen und deine Träume wahrzumachen? Und wieviel Energie brauchst du jetzt, um die bei grellem Licht besehene schockierend dürftige Ausstattung deines Lebens schönzureden?

In all den Tierversuchen, die von Wissenschaftlern durchgeführt werden, gibt es nicht eine Ratte, eine Maus oder einen Affen, die sich die Versuchssituation schönreden. Die Tiere leiden, und sie zeigen ihr Leid. Es scheint eine einzigartig menschliche Fähigkeit zu sein, gequält zu werden und so zu tun, als sei das die Traumsituation überhaupt. Die Lüge lächelt.

Die Lüge, die uns die meiste Lebenskraft raubt, ist mit Sexualität, Sinnlichkeit und lebendiger erotischer Energie verbunden.

Ich bin zufrieden.

Ich mache mir nichts aus Sex. Mir geht's doch gut. Anderen geht es viel schlechter.

Das Gerede um sexuelle Befriedigung nervt mich, Sex ist nicht alles.

Ich brauche keine sexuelle Beziehung, meine Arbeit befriedigt mich.

Darunter liegt ein langer Prozeß: Wir werden abgeschliffen, bis wir in die mickrigen Vorstellungen unserer kulturellen Vorgaben passen. Wer hätte nicht schon gesagt oder gehört: Na ja, wir müssen uns eben anpassen. Alles kann man nicht haben. Ich mußte mich fügen.

Wie fügst du dich? Indem du anfängst zu lügen. Denn sich nicht fügen und nicht lügen bedeutet, zwanzigmal am Tag die eigene Wahrheit gegen die heftiger werdenden Angriffe zu verteidigen. Irgendwann gibt jede/r auf?

Jede Kultur wird von ihren Hüterinnen und Hütern an die nächsten Generationen weitergegeben, und die nachwachsenden Generationen sind eigentlich nur damit beschäftigt, die Vorgaben zu erfüllen, sich dagegen aufzulehnen, zu provozieren, darin kriminell zu werden oder aufzugeben. Selbstbetrug ist bei all diesen Reibungen an kultureller Gehirnwäsche die treibende Kraft.

Sobald ich in mir Kräfte, Wünsche, Ahnungen, Informationen entdecke, die sich mit den Glaubenssätzen meiner kulturellen Vorgabe nicht decken, komme ich in Stress. Ich kann Rebellin werden und mich ständig mit den Kontrollfreaks meiner Gesellschaft/Wirtschaft/ Politik anlegen, aber auf Dauer hält das kein Mensch durch.

Also fange ich an, mir selbst ein paar Anpassungsschliffe zu legen: Ist doch eigentlich ganz gut so. Meine Situation ist doch noch privilegiert gegen die anderer Frauen. Anpassung muß sein, sonst funktioniert die Gesellschaft nicht usw. Ich putze schon mal die Zelle, in die ich mich nachher freiwillig reinsetze?

Für das ur-eigene Universum wäre es kein so großes Problem, andere anzulügen, im eigenen Raum aber die Widersprüche und Unerträglichkeiten stehen zu lassen – vorausgesetzt, sie haben eine Chance, ausgeglichen zu werden. Diese Chance sehen wir aber bei vielen alltäglichen Themen nicht mehr. Wenn ich zwanzig Jahre mit einem Mann lebe, von dem ich ahne, daß er mich benutzt, und ich schaffe es nicht, mich zu trennen, muß ich anfangen, mich selbst zu belügen, weil ich sonst untergehe und den Rest meines Selbstwertgefühls verliere. Also sage ich: Wir verstehen uns eigentlich ganz gut. Die große Liebe ist es nicht mehr, aber wir respektieren einander.

Täglich vorgebetet mag so ein Satz vielleicht sogar eine gewisse Glaubwürdigkeit gewinnen. Aber natürlich ist niemand so blöd, sich selbst eine so lauwarme Lüge abzukaufen. Knoten im System sind die Folge. Empfindlichkeiten, die nicht berührt werden dürfen. Je mehr Lügen, um so mehr Ausweichmanöver sind nötig. Bald gibt es eine komplexe Landkarte von Stellen, die nicht mehr angefahren werden dürfen. Die Lebensenergie wird zu einem großen Teil von Vermeidungsstrategien aufgefressen. Und weil so diese magische Energie vergeudet wird, fließt sie nicht mehr nach. Die Quelle versiegt.

Daß das bei Frauen oft in der Menopause passiert, ist kein Zufall. Wechseljahre sind eine Zeit radikaler Wahrheitsfindung. Was nicht stimmt, wird hervorgezerrt und wenigstens noch einmal grell beleuchtet. Lebenslügen werden gnadenlos zerfetzt – nicht selten in der Psychiatrie. Zur beherzten Demontage des Lügengebildes reicht es oft nicht mehr, weil der Mut für einen Neuanfang fehlt.

In der nicht von Menschen „zivilisierten" Welt, in der Ebene der Nicht-Definition, im magischen Gewebe gibt es keine Lügen. Wenn du dich dieser großen, frei pulsierenden Energie stellst, aus der alles geformt und gerufen werden kann, stehst du nackt da. Es gibt keinen Maßstab, wie schön, wie toll du sein mußt. Nichts und niemand interessiert sich für deine Errungenschaften und wie hart du arbeitest. Du treibst in diesen Raum hinein, und wenn du Glück hast, entdeckst du ihn nicht erst, wenn du stirbst. All die mühsamen Lügengewichte fallen ab. Es gibt keinen Grund mehr zu lügen, weil sich niemand für Wahrheiten interessiert oder sie einfordert. Und die Wahrheit hängt davon ab, was wir wissen. Wahrheit und Lüge lassen sich ja nur messen, wenn es einen Vergleichszustand gibt. Für manche Menschen gilt schon das, was sie nicht kennen, als Lüge. Für die meisten gilt das, was sie nur zu gut kennen, als Wahrheit.

In Berührung mit dem energetischen Feld, in dem es nicht wichtig ist, ob du „einen abgekriegt hast", ob du

„gut verheiratet bist", ob du Erfolg hast und gut verdienst, wo es nur darum geht, die eigene Konzentration zu halten und beherzt das Unglaubliche, das Unerhörte, das Unmögliche wahrzunehmen, wirst du mit der Sinnlosigkeit deiner Lebenslügen konfrontiert. Wenn dieser Augenblick der Wahrheit auch der Augenblick deines Todes ist, hast du ein Problem. Das ganze Leben erscheint dir nämlich dann als sinnlos, vergeudet und schmerzhaft. Viele Menschen, denen beim Sterben ein Licht aufgeht, wehren sich wütend und verzweifelt gegen den Tod, weil sie nie wirklich gelebt haben. Weil sie jetzt wissen, wie bedeutungslos all die Lügen sind, wie sinnlos ihre Anpassung an Menschen war, die nie wirklich Macht über sie hatten.

RITUAL

Kultplatz in der Stadt

Leg in der Stadt oder auf dem Land, wo du eben wohnst, einen Steinhaufen an, der die Geister rufen, erheitern und unterhalten soll. Jedesmal, wenn du an der ausgewählten Stelle vorbeikommst, legst du einen Stein dazu, so wie in Tibet oder in anderen Bergregionen Steinmanndl oder Steinhaufen für die GöttInnen errichtet werden.

Daß du immer wieder einen Stein hinzufügst, erinnert dich selbst an die Ebene, in der nichts geplant und organisiert wird, in der alle Energien frei zirkulieren. Mit der Zeit wächst der Steinhaufen. Du kannst Muscheln oder Bilder dazulegen und eine Art öffentlichen Schrein daraus machen, wie das in Indien zum Beispiel Brauch ist. Ähnlich wie beim Ritual auf einer Kreuzung schafft so ein kleiner Straßenschrein ein Wärmefeld, an dem du dich immer wieder neu aufladen und erfreuen kannst.

Es gab keine Städte mehr, es gab keine Regierungen mehr, sagt eine sonore Herrenstimme im Trailer von „Postman", und ich frage mich: Warum gibt's dann eigentlich Kevin Costner immer noch? Das Zukunftsbild in Science-Fiction-Filmen ist seltsam verkrustet wie ein alter Küchenherd. Nehmen wir zum Beispiel die Außerirdischen, beliebte Austattung in jeder Zukunftsvision. Sie reisen in unpraktischen Schüsseln an und sehen mehr oder weniger aus wie wir, haben vielleicht ein paar Beulen und Hörner mehr als der mitteleuropäische homo computerensis, der noch darauf wartet, daß seine Füßchen verschrumpeln und seine Fingerkuppen breiter werden vom Tippen, aber dann ist die Phantasie der Futuristen auch schon an ihre Grenzen gelangt.

In „Species" zum Beispiel geht der Regisseur davon aus, daß die Hülle einer makellos schönen Frau (blond! eh klar!) ein grausames zähnefletschendes Monster verbirgt, das nichts Unappetitlicheres zu tun hat, als Menschen samt Anzug und Mobiltelefon zu verschlingen. Wohl bekomm's. Dieser Film wirkt eher wie die Illustration einer psychotherapeutischen Sitzung eines sexuell gestörten Mannes oder vielleicht die filmgewordene Horrorvision mittelalterlicher Hexenjäger.

Natürlich ertappe ich mich manchmal, an Haltestellen wartend, dabei, irgendwo so eine Frau zu entdecken, das würde den Alltag wundersam aufpeppen. Vergebens. Sie sind blond, sie sind schön, die da warten, aber sie sagen nicht mal Scheiße. Höchstens: Wissen Sie vielleicht, wie spät es ist? Ja, das weiß ich immer, auch ohne Uhr. Die

Außerirdischen und die geheimnisvollen Wesen der Science-Fiction-Filme dagegen tragen oft die ausgefallensten Uhren. Müßten sie nicht ein überirdisches Zeitgefühl haben? Oder vielleicht an die Pulsare angeschlossen sein, von denen mein Physiklehrer im Gymnasium sagte: Wenn es überhaupt außeridische Intelligenzen gibt, dann wären sie im Zusammenhang mit den Pulsaren denkbar, die sich in der Nähe der Erde irgendwann eingerichtet haben, um die Erde mit ihrer Energie gleichmäßig zu bestrahlen.

Spät ist es, aber noch nicht zu spät – auch wenn wir schon durchmanipuliert sind, haben wir doch die Chance, von einem Retter aus dem stumpfen Zombiealltag geholt zu werden.

In dem brillant gemachten Spielfilm „Matrix" werden wir daran erinnert, wie leicht es ist, die Realität zu fälschen und wie eine Folie an unseren blinden Augen vorbeizuziehen. Daß mal wieder eine Frau einen um sich ballernden Mann (hübsch anzusehen allerdings Keanu Reaves) retten muß, der sich zum Überfluß für eine Art Cyber-Jesus hält, finde ich blöd. Interessant, wie gerade von dem Teil der Bevölkerung, der an der Zerstörung der Welt aktiv beteiligt ist, immer die Rettungsballaden gestrickt werden. Eine Möglichkeit wäre ja, mit der Zerstörung aufzuhören, aber das ist nicht so spektakulär und involviert offenbar immer anklagende Ökomütter mit daumenlutschenden Kindern oder Idealisten, die ölverklebte Vögel reinigen – und die holen die heißbegehrte Zielgruppe der Fünfzehn- bis Fünfundzwanzigjährigen halt nicht hinter der Playstation hervor.

„Sie reisen in die Vergangenheit, um die Zukunft zu sichern, aber sie haben nur sieben Tage Zeit" – anschwellende Blockwartstimme. Diese Zukunft kennen wir: Detonationen, Kampfgeräusche, völlig unmotiviert stürzen

Wolkenkratzer auf Frauen mit Silikonbrüsten, die noch schnell mit ihren aufgespritzten Schmollmündern Liebesschwüre hauchen. Männer mit der militärischen Hausapotheke der russischen Mafia, vom automatischen Schnellfeuergewehr aufwärts, kontrollieren die Straßen.

Zukunft soll das sein? Ist das nicht schon überholte Gegenwart? Gibt es denn keine Zukunft, in der die Munition für diese Dinger ausgeht?

Wird es in der Zukunft Konservenbüchsen geben? Musikvideos? Bleistifte?

Fleisch? Ja, sagt Emmi, weil ihr Mann Metzger ist und ihr Lokal „Gläsernes Eck" davon lebt. Nein, sagt Judith, Vegetarierin, die gerade eine streng eiweißunabhängige Diät in sich reinschaufelt.

Wird es Espressomaschinen geben? Fensterleder? Stöckelschuhe? Mir egal, Hauptsache, es gibt Yogitee und Spinat mit gegrilltem Ziegenkäse. Ich sehe mich schon auf einer wirbelsäulenangepaßten Liege träumen, während intergalaktische oder extragalaktische Wesen mir politisch universell korrekte Witze erzählen, die ich nicht verstehe, weil ich noch keine Rezeptionsorgane dafür habe...

„Akte X" war anfangs noch durchaus intelligent angelegt, zum Beispiel die Folge mit dem computergesteuerten Labor, das anfängt, die Menschen zu vernichten, die darin arbeiten. Da hätte ich gern weitergedacht, statt dessen tauchten Wurm-Menschen in Kanalisationen auf und Eisenbahnzüge mit Frankenstein-Ärzten, schnarch. In einer Folge sagt allerdings dann wieder ein Zirkusartist zu Fox Mulder, unserem FBI-Agenten: „Ich habe das Grauen der Zukunft gesehen, es sah aus wie Sie." Wer David Duchovny gesehen hat, weiß, wie genial das ist. Wie konnte es überhaupt so weit kommen, daß unsere Helden FBI-Agenten wurden?

Wissenschaftler schreiben ja kaum Drehbücher für Sci-Fi-Filme, aber das wäre spannend, denn dann würden wir vielleicht mit ganz anderen Zukunftsperspektiven konfrontiert werden, zum Beispiel mit Außerirdischen, die nur noch aus Energie bestehen und sich im menschlichen Hirn ansiedeln. Das wäre doch realistisch, wenn auch ein bißchen unheimlich. Der Nano-Forscher Schmidt von der Universität Saarbrücken spielt derzeit mit der Verschiebung von Nanoteilchen und meint, wenn das gelingt, könne man aus einem Ding ein anderes formen, weil diese kleinsten Teilchen die Struktur der Materie prägen.

Diese Zukunftsvision kommt schon in Märchen und Mythen vor, Alchimisten beschäftigten sich (erfolglos, glaube ich) jahrhundertelang mit dieser Art von Verschiebung, soll doch die Formel für Zinnober nur eine Abweichung von der Formel für Gold enthalten. Könnte ja mal klappen – dann würde aus einem Porsche ein Fischfilet?

Ich glaube, das mit der Nanotechnologie funktioniert in meiner Wohnung bereits perfekt – wie oft sich da Gegenstände auflösen und wieder materialisieren, ist schon nicht mehr lustig.

Ich finde futuristische Filme langweilig, in denen immer noch Männer irgendwelchen Frauen nachjagen, ohne zwei intelligente Worte mit ihnen zu wechseln, und es immer wieder nur darum geht, daß einer der Chef ist, daß die Guten gewinnen und die Bösen vernichtet werden, weil das nicht futuristisch ist. Das ist eine Moral, die morscher ist als das Abflußrohr meiner alten Kloschüssel.

Oder nehmen wir die Ausstattung der Städte. Viele Filme – „Independence Day", „Strange Days", „Blade Runner" usw. – entwerfen ein Horrorszenario aus Dreck und Verkommenheit. Mein Eindruck ist eher, daß die Städte in zwanzig Jahre so durchorganisiert sein werden, daß es nicht mal mehr Mülltonnen mit überquellendem Müll geben wird. Vielleicht wird man überall diese praktischen Betonwürfel aufstellen, denn meinen Vorschlag, den Müll in durchsichtigen Plexiglastonnen zu präsentieren, weil Müll doch der wahre Maßstab der Zivilisation ist, findet ja niemand toll!

Architekten werden die letzte wurmzerfressene Holzhütte in ein schußsicheres Glashaus verwandelt haben. Fledermäuse, Marder und Hexen werden sich schwer tun, noch schlampige Spielfelder zu finden. Kein Problem ist das allerdings für die weisen Frauen am Computer, die immer mehr werden und sich immer dichter vernetzen!

„2001" von Stanley Kubrick, wo die Zeitveränderung des Universums genauso mitgedacht ist wie die Unbeweglichkeit männlichen Denkens, die emsige Dienstbarkeit der Frauen oder die Begrenztheit des Computers auf die Intelligenz seines Programmierers, würfelt so genial Wiener Walzer, Rudi Gernreichs Mode, Frühgeschichtsforschung und intergalaktische Rätsel durcheinander, daß man Science-Fiction-Filmern zurufen möchte: Wenn der Film nicht besser wird als „2001" oder „Solaris", dann macht lieber keinen.

Einsame Spitze bei Science-Fiction-Filmen finde ich nämlich auf jeden Fall Tarkovskys „Solaris" nach Stanislaw Lems Romanvorlage über das intelligente Meer im Universum, das uns eine Welt aus unseren Phantasien und Wünschen materialisieren läßt, egal wie grausam, peinlich oder schmerzhaft sie sind. Da wird ausnahmsweise ein bißchen gegrübelt, gedacht und geträumt.

„Men in Black" grübeln zwar nicht lang rum, aber dieser saukomische Film, mit der Voyager ins All geschossen, würde außerirdische Intelligenzen sicher zu einem Besuch auf der Erde und in einem Kino motivieren, da könnte dann in der Nachtvorstellung noch Kurosawas „Sieben Samurai" laufen oder „Female Perversions". „Mars attacks" ist auch nicht schlecht, eine wunderbare und ausnahmsweise wirklich witzige Persiflage auf die menschliche Zukunftsgläubigkeit, den Romantizismus, die Machtansprüche, die brachiale vorsintflutliche Gewalt, die halt doch alles immer fest im Griff hat. Eine Hommage an einen sanften Jungen, eine Femmage an eine alte Frau. Aber muß es wirklich wieder Präsidenten geben?

Interessant, daß kein Sci-Fi-Film, kein futuristisches Buch das Internet vorwegnahm, kein Spinner, kein Träumer, keine Phantastin konnte sich das vorstellen. Was sich alle vorstellen konnten, war das Klonen. Einer der witzigsten Filme über genmanipulierte und operativ kombinierte Mischwesen war in den siebziger Jahren „Oh lucky man", in dem ein Kaffeevertreter in eine geheime Klinik in Schottland gerät und mit einem Schweinskopf Bekanntschaft, ja Verwandtschaft macht.

Und jetzt ist mir auch klargeworden, wie das Problem der Überbevölkerung und der ausufernden menschlichen Manipulationen sich selbst regeln wird: Geklont wird, bis sich kein Mensch mehr erinnert, wie das mit der Eigenproduktion eines Kindes ging, obwohl die durchaus noch künstlerisch ausbaufähig gewesen wäre. Sex ist ohnehin zu gefährlich und findet in der Zukunft nur im Internet statt, mit Frauen, die nicht ständig weinen, menstruieren, schwitzen oder über die Beziehung diskutieren wollen. Ideal ist dann eine wie Lara Croft. Wenn die körperliche sexuelle Betätigung im Reich der Mythen und Märchen versunken ist – Stromausfall. Mit den Laboren erkalten die neuen Generationen. Tja, und dann könnten wir Frauen spaßeshalber mal wieder unser altes genetisches Wissen über Partenogenese hervorkramen...

Die Zukunft gestalten

Leg dich an einem Platz in deiner Wohnung oder deinem Haus oder an einem geschützten Ort im Freien auf den Rücken und laß dich in Entspannung sinken, laß die ausgestreckten Füße nach außen fallen, löse und entspanne alle Muskeln im Körper und schließlich auch alle Muskeln im Gesicht. Besonders fest sind die Kaumuskeln, weshalb es wichtig ist, die Kiefermuskeln extra zu entspannen. Spür alle Stellen, an denen du auf der Erde aufliegst, und versuch die Kraft der Erde bewußt wahrzunehmen, die dich hält. Stell dir vor, daß diese Kraft in deinen Körper fließt, dich heilt, regeneriert und stärkt.

Jetzt stell dir eine Szene aus deiner Kindheit vor, in der du dich selbst fröhlich, lachend oder glücklich siehst. Schau dir die Szene an und wähle einen Bildausschnitt. Dann mach von diesem Bildausschnitt ein imaginäres Polaroidfoto. Schau es dir genau an und imaginiere, daß du es irgendwo in deiner Wohnung aufstellst, wo du es oft sehen kannst.

Laß diese Imagination los und stell dir jetzt eine Szene aus deiner Zukunft vor. Fühl dich dabei nicht zu ernst und schwer. Es ist ein Spiel. Du inszenierst eine Möglichkeit deiner Zukunft wie einen Film. Versuch dich selbst in dieser Szene zu sehen, die du gestalten willst. Wähle einen Bildausschnitt und mach auch von dieser Szene ein imaginäres Polaroidfoto. Stell es neben das andere Bild.

Versuch gelegentlich im Alltag die beiden imaginären Bilder zu sehen.

Als ich dieses Kapitel entwarf, schrieb ich einige Begriffe auf, die zweifelhaft gewordene Werte symbolisieren, wie „Freiheit", „kreativ" oder „innovativ". Dann schrieb ich andere Kapitel und entdeckte beim Wiederlesen der Kapitelüberschrift mit all den Begriffen darunter, daß zweimal das Wort „Muster" da stand. Ich wußte, daß ich dieses Wort nicht hingeschrieben hatte. Spielraum, Lust, Magie, Eigenmacht, Widerstand – ja. Aber nicht Muster und schon gar nicht zweimal. Es dauerte eine Nacht und einen halben Tag, bis mir klar wurde, daß der Computer das da eingefügt hatte. Vermutlich vermittels eines Virus.

Ich überprüfte alle anderen Texte, weil ich den Verdacht hatte, daß es sich um einen Virus dieser neuen Generation handelt, der pro Woche zwei Worte oder zwei Zahlen in einem Text austauscht, so daß man eigentlich nicht merkt, wie Inhalte und Werte ausgetauscht, zerlegt, sinnentleert werden. Und plötzlich fand ich es ziemlich genial vom Computer, daß er sich ausgerechnet im Kapitel „Alte neue Werte" mit dem Wort Muster einbringt. Außer Impulsen und 0 und 1 produziert er doch laufend Muster, für einen Computer durchaus erwähnenswert!

Ich dachte an die Bezeichnung „Muster ohne Wert" für eine verbilligte Postsendung. Ich dachte daran, daß die Handarbeitsschwester in der Grundschule zu mir tadelnd sagte, „du Muster", was immer das heißen sollte – für sie war es ein Schimpfwort.

Und dann fiel mir auf, daß ein Muster durchaus ein Wert ist. Wir funktionieren nach eingegebenen Mustern, wir erzeugen immer dieselben Muster, verlieben uns nach einem vorgegebenen Muster, folgen unsichtbaren Mustern im Gehirn. Und plötzlich fand ich die eigenständige Eingabe des Computers richtungweisend. Sie erinnerte mich daran, daß Muster, Lebensmuster, Verhaltensmuster Werte transportieren oder weiterstricken, auch wenn wir gar nicht mehr dahinterstehen.

Was ist innovativ? Ist das wirklich eine Energie, die ein Hightech-Unternehmen beschreiben kann? Was an so einem Industriezweig sollte innovativ sein? Wie kann ein Vertreter für Computer innovativ sein? Innovativ ist wohl auch nicht eine Betriebsstruktur, in der die Angestellten ihre Arbeitszeit selbst bestimmen. Das war jahrtausendelang sowieso normal.

Was wir heute Arbeitslosigkeit nennen (ohne Arbeit in den Tag leben), wurde früher einfach Leben genannt. Die industrialisierte Welt dreht sich immer schneller in die scheinbar unausweichliche Forderung nach mehr Produktion, mehr Gewinn, spektakuläreren Wirkungen hinein. Innovativ ist da nichts. Mit der heiteren Gewißheit, daß es keine Innovation geben kann, weil alles schon einmal gedacht, gesprochen und gelebt wurde, kann sich die Industrie natürlich unmöglich abfinden. Zumal „innovativ" einfach zu gut ist. Es klingt schlau und sagt gar nichts.

Eine schmerzhafte Entwicklung zur Nullaussage hin machte auch das Wort Freiheit. War es einmal Symbol für kühne Träume, wilde Sehnsüchte und edle Handlungen, ist es heute nur noch Illustration für eine Plastikkarte oder eine Binde, für die Lügen einer Partei oder das aufgeblasene Pathos einer Kleiderfirma. Wer mir das Wort Freiheit hinwirft, muß mit beißendem Spott meinerseits rechnen. Ohnehin ist Freiheit ein sehr brüchiger Begriff, müssen wir doch ständig atmen, trinken und essen, um das Wort überhaupt aussprechen zu können.

Wer ist heute nicht kreativ? Vom Bankbeamten bis zur Webdesignerin – alles badet in Kreativität. Komisch eigentlich, daß die Welt trotzdem so gleichförmig und öde aussieht. Bei aller Kreativität fällt den Genforschern kaum anderes ein, als Menschen zu klonen und ihre Besonderheiten aus ihnen herauszufiltern. Schon heute haben alle regulierte Zähne und tragen die gleiche Markenkleidung. Kreativ wäre, das Sperrige, Unvollkommene wieder zuzulassen.

Und wie wär's mit Liebe? Ich höre dieses Wort jetzt öfter, es kommt wieder in Mode und beschreibt von der Beziehung zum Haustier bis zum BMW-Coupé alles Mögliche. Liebe ist eigentlich hauptsächlich die Sehnsucht danach, endlich angenommen zu werden. Dieser Zustand ist schwer mit einem Schlagwort zu beschreiben, weil er vollkommene Glückseligkeit mit Witz, Tiefe, Erkenntnis und umfassendem körperlichen Behagen kombiniert. Es gibt ihn nicht irgendwo zu haben. Du mußt ihn selbst beginnen. Eine Situation für dich schaffen, in der du dich selbst akzeptierst, mit allen Fehlern und Ungereimtheiten, mit allen Kanten und Ecken. Als ich mich zur Liebe aufmachte, begriff ich, daß es keinen Weg dorthin gibt. Ich konnte sie nicht suchen, weil sie immer da war. Ich brauchte eine andere Wahrnehmung. Und die begann mit dem Zauberspruch:

Ich verzeihe mir wirklich alles.

RITUAL

Assoziationsspiele mit Worten.
Um die Bedeutung der Sprache und die Macht ausgesprochener Wörter zu erfahren, kannst du mit Wörtern

spielen, die du in dein Leben holst und neu definierst, verstehst und erforschst. Zum Beispiel kannst du jeden Tag für diesen Tag ein Wort wählen. Den ganzen Tag gehst du nun mit diesem Wort umher, versuchst herauszufinden, wie andere es sehen oder welche Assoziationen zu diesem Wort kommen. Jeder Tag bringt ein neues Wort. Jedes Wort könnte auch ein Bild sein, du könntest gelegentlich ein Wort zu einem sichtbaren Zustand in deinem Lebensbereich machen.

Ein anderes schönes Assoziationsspiel ist, eine Wortpyramide zu schreiben. Du brauchst ein großes Blatt, oben fängst du mit einem Begriff, den du gerade erforschen willst, an, sagen wir: RITUAL, darunter schreibst du zwei neue Begriffe, ich sage jetzt mal: KREIS und TANZ, dann schreibst du unter Kreis wieder zwei Begriffe und unter Tanz auch zwei Begriffe, bis die Pyramide unten ganz breit ist und du keinen Platz mehr hast. Jetzt hast du ein schönes Bild davon, was das Wort Ritual bei dir alles auslöst. Du kannst noch weitergehen und aus irgendwelchen Wörtern, die du intuitiv aus dieser Pyramide herausnimmst, einen Satz bilden. Du solltest nur Hilfswörter dazunehmen, damit sich überhaupt ein Satz bilden läßt, und so viele Begriffe wie möglich aus der Pyramide verwenden. Auch dieses Spiel gibt dir einen tiefen Einblick in die Art, wie deine Seele, dein Geist träumt.

Oder du kannst ein Wort auf einen Zettel schreiben, das einen Zustand beschreibt, den du dir ersehnst. Trag diesen Zettel immer bei dir, bis er zerschlissen ist. Der Zustand wird auf geheimnisvolle Weise in dir arbeiten und sich wohl erfüllen.

Mach dir doch keine Illusionen! sagte eine Frau zu ihrer Freundin, als die beiden an mir vorübergingen. Dieser Ausruf begleitet mich seither. Es ist die mächtigste Formel, um Träume, Wünsche, Sehnsüchte ein für allemal durchzuschneiden und mit ihnen aufzuräumen. Wer möchte sich Illusionen machen? Träumen ist ja akzeptiert, in Maßen. Aber Illusionen. Da öffnet sich ganz schnell die Tür zur Psychiatrie: In krankhafte Illusionen verwickelt! Interessant, daß sich die Tür zur Psychiatrie nicht für krankhaften Ehrgeiz, krankhaften Fortschrittsglauben, Drangsalierung von Arbeitnehmern, Einhaltung der alten Erziehungsprinzipien einschließlich körperlicher Züchtigung öffnet! Oder für Börsenspekulanten...

Eines Morgens wachte ich auf und wußte: Ich bin von einem anderen Planeten. Ich bin hier fremd. Alles, was in dieser Welt als Wert gilt, ist für mich ein Problem: Geld verdienen (ich möchte sorglos leben können, Geld selbst bedeutet mir nichts), Wissen eingepaukt bekommen (ich möchte träumend und tanzend immer mehr erfahren, ausprobieren und Wissen spielend aufnehmen), gesellschaftliche Beziehungen zu Menschen unterhalten, mit denen man eigentlich nichts zu tun haben will, die man aber beruflich braucht (ich möchte auf Menschen zutreiben, die mich anziehen, und mich wieder lösen, frei schweben, mich austauschen und zurückziehen, ganz im stimmigen Fluß meiner Energie), Beziehungen durchziehen, weil die Welt in Paare eingeteilt ist wie Würstchen (ich möchte mich paaren und wieder für mich sein).

Ich sah die Welt von Anfang an mit den Augen einer

Fremden: Leben im Dienst der Arbeit? Menschen im Dienst von anderen? Bewunderung und Verherrlichung von Wenigen, Ausbeutung von Vielen? Langweilig.

Was habe ich hier zu suchen, verloren??

Erst auf den zweiten Blick entdeckte ich die Sehnsucht.

Das führte zu dem Phänomen, daß wildfremde Menschen mir schnell ihr Herz ausschütten. Ich gehe zur Sprechstunde in der Schule und erfahre alles über das Rückenproblem des Mathematiklehrers und nichts über die Sechs meiner Tochter in Mathe. Ich gehe in die Sprechstunde einer Ärztin und erfahre von ihren grauenhaften Schmerzen und nichts über die Beschwerden, deretwegen ich eigentlich gekommen war und die sich ohnehin in Nichts auflösten. Ich erfahre, daß der Polizist, der mich kontrolliert, schon immer von einem Motorrad geträumt hat, daß die Angestellte im Einwohnermeldeamt, die mir meinen Ausweis verlängern soll, zuckerkrank ist und ihre dicken Füße in keinen Schuh passen.

Ich begann wirkliche Zuneigung zu Menschen zu empfinden, und in dem Maß, wie ich zu lieben begann, lebte ich auf. Gleichzeitig befreite mich diese Zuneigung von der Vorstellung, all diese Menschen seien meine GefangenenwärterInnen und paßten auf, daß ich die Regeln einhalte. Mir wurde klar, daß sie nicht mal über ihr eigenes Leben einen Überblick haben. Wie sollten sie mich kontrollieren können? Aus dem alten dualistischen Muster der Gegnerschaft, der Feindbilder fing ich an, mich in eine Gleichzeitigkeit hineinzudrehen. Wir sind alle gleichzeitig da. Wir empfinden Kälte, Wärme, Schmerz, Glück, Mangel, Druck.

Ich will nicht wie du leben, sagte der Enkel einer alten Freundin von mir. Das ist mir zuwenig, für jemanden schuften, bis ich umfalle. Du wirst es auch noch lernen, sagte Johanna. Wir müssen uns alle fügen.

Sie beklagt sich, daß ihr Enkel sich Illusionen macht. Er arbeitet nicht regelmäßig und ernährt sich mit Gelegenheitsjobs.

Ist er glücklich? frage ich sie.

Das spielt doch keine Rolle, sagt sie. Wenn er alt wird, hat er keine Rente.

Habe ich auch nicht. Aber ich habe meine Illusionen, die mich bis hierher gebracht haben und die mich sicher bis ans Ende meiner Tage und Nächte begleiten werden. Ich bin nämlich überzeugt, daß mir immer etwas einfallen wird, weil ich genug Zeit habe zu spinnen und zu träumen. Ich habe tatsächlich nicht viel Geld, kein Haus, keine Eigentumswohnung, kein Auto, keine Rolex, keine Aktien, keine „Sicherheiten". Was ich habe, ist kostbarer: Erleuchtungen (Illusionen), Zugang zur Quelle. Warum sollte ich Geld sparen, wenn ich das rufen kann, was ich brauche? Illusion! Sagt meine Mutter. Verschrei es nicht.

Natürlich kann dieses Prinzip schief gehen (schief ist übrigens auch hübsch). Aber wie oft geht das andere Prinzip schief: Du hast gearbeitet, bis du deine Rente verdient hast, dann wirst du krank und fällst tot um. Oder du weißt nichts mit dir anzufangen, weil du nie Freiraum hattest. Du weißt nicht zu leben, weil du nur funktioniert hast. Du stirbst, ohne wirklich gelebt zu haben.

Die Essenz meiner Illusionen ist die Gewißheit, daß es keine Sicherheit gibt. Daher ist alles wandelbar. Alles im Traum gestaltbar. Die Essenz meiner Illusionen ist Magie. Magie ist nicht selten Illusionszauber. Du erzeugst einen Eindruck, und mit dieser virtuellen Realität schaffst du eine Brücke zur materiellen Realität. Illusionszauber ist die höchste Kunst. In der Werbung und in der Wirtschaft wird dies schon lange umgesetzt. Schein löst Sein ab. Damit werden Milliarden Menschen in Schach gehalten.

Das indische Wort Maya bedeutet Illusion und Enttäuschung, gleichzeitig heißt es aber auch formen, bauen und steht für die Grundlage der Materie, für die Fähigkeit zu wandeln und Form zu geben. So ist Maya auch Magie, also Illusionszauber, der Wirklichkeit schafft, Verkleidung, das Vortäuschen eines Zustands durch entsprechende Symbole. Maya ist Täuschung, die sich zu einer eigenen Wirklichkeit wandelt. Maya, die Illusion, die Fähigkeit, Wirklichkeit zu schaffen, ist Widerspruch in sich. Maya ist Erscheinung, Trugbild und Wirklichkeit zugleich.

In unserer linearen westeuropäischen, monotheistisch geprägten Denkstruktur ist diese Komplexität kaum nachvollziehbar, und doch kennen wir alle den köstlichen Augenblick, in dem Größenwahn und Wirklichkeit, Traum und Erfüllung, Alles und Nichts zusammenfließen zu einer unvorstellbaren, nicht planbaren, nicht vorhersehbaren Einheit.

Die biedere lineare Grundregel: Eins nach dem anderen! Nicht verzetteln! hat in der komplexen allumfassenden schöpferischen Energie, die alles beinhaltet, nichts will, alles erscheinen und verschwinden lassen kann, keine Bedeutung mehr. Wie schnell gilt uns etwas als unglaubwürdig, unfaßbar, unmöglich, undenkbar – wir sind natürlich auch sehr einfach gestrickt. Was wissen selbst die klügsten Forscher wirklich von den Gesetzen des Universums, den Möglichkeiten und Wandelbarkeiten von Zeit, Form und Raum? Geschieht etwas, das wir nicht erwartet haben – und das kommt schnell mal vor –, erscheint es uns unwirklich, ja wie ein Wunder!

Überhaupt das Wunder! Was gilt nicht alles als Wunder! Vielleicht gibt es gar keine Wunder. Wenn wir unsere Grenzen ausdehnen und das Undenkbare einmal mitdenken würden, könnten wir ganz leicht auch das Unmögliche in unser Wirklichkeitskonzept integrieren, und das wäre wohl die Voraussetzung, daß neue Wirklichkeiten entstehen, denn wir schaffen ja die Wirklichkeit, die wir sehen, wahrnehmen und leben.

Eine Frau putzt Fenster. Das ist eine Art Wirklichkeit. Wenn du ihr dabei zusiehst und, sagen wir, beobachtest, daß sich hinter ihrem Haus eine Schlammlawine gelöst hat, die auf das Haus zufließt, erkennst du, daß die Wirklichkeit der Frau, die das Fenster putzt, nur ein Ausschnitt ist, was ihr aber nicht klar ist. Alles würde sich verändern, wenn sie die Schlammlawine sehen könnte. Sie würde aufhören, das Fenster zu putzen, ein paar Sachen zusammenraffen und fliehen, jedenfalls wenn sie ihre fünf Sinne beisammen hätte. Da sie die Schlammlawine nicht sieht, bleibt ihre Realität in der Notwendigkeit, vielleicht sogar in der Befriedigung des Fensterputzens begrenzt.

Was, wie wir wissen, nicht heißt, daß ihre Wirklichkeit der Wirklichkeit entspricht. Sagt ein Kind zu der Frau, da kommt eine Schlammlawine auf das Haus zu! wird sie darauf kaum reagieren, weil es ja nur ein Kind ist, das sich vielleicht Geschichten ausdenkt. Kommt aber ein Einsatzwagen der Feuerwehr oder der Polizei und fordert per Lautsprecher zum Räumen des Hauses auf, wird die Frau schon eher motiviert sein, ihre Putzaktion zu beenden. Mit anderen Worten: Sie reagiert erst auf „glaubwürdige" Information.

Wenn wir jetzt den Bildausschnitt erweitern könnten und sehen würden, daß ein aus der Bahn geratener Himmelskörper auf die Erde zurast, würde uns schnell klarwerden, daß auch die Aktivitäten der Feuerwehr auf ihre wahrnehmbare Realität begrenzt sind, daß ihre Wirklichkeit leider auch nicht der Wirklichkeit entspricht. Oder stellen wir uns vor, die Frau hat Krebs und weiß es noch nicht. Würde sie so ruhig Fenster putzen, wenn sie es wüßte? Würde sich ihre Realität nicht vollständig verändern? Der Blickwinkel, die Prioritäten und vor allem die Zusammensetzung der Wirklichkeitszutaten?

Wie wirklich ist unsere Wirklichkeit überhaupt? Wir haben ja keinen Überblick! Ist es nicht ein bißchen kühn, von wahr und unwahr, Realität und Illusion, möglich und unmöglich zu sprechen?

Mein kleines Beispiel, auf die allgemeine Situation zwischen Leben und Tod im Universum übertragen, wirft die Frage auf: Woher bekommen wir glaubwürdige Informationen, und was halten wir für Lügen, Illusion, Täuschung, Übertreibung, Paranoia? Mit anderen Worten: Unser Realitätskonzept ist von vielen unberechenbaren Faktoren, Wahrscheinlichkeiten, Unwahrscheinlichkeiten und vor allem von dem Vertrauen zu unseren Informanten, von Eltern über Lehrer bis zu anderen „Autoritäten" abhängig, die aber selbst nur fragmentarische Informationen von ihren Informanten haben. Was also ist unsere Wirklichkeit noch wert?

Um beim Beispiel zu bleiben: Wäre es nicht sinnvoll, Informationen aus ungewöhnlichen Quellen gelegentlich genauer anzusehen und nicht zu warten, bis die Feuerwehr kommt, die ja genaugenommen nur die Aufräumungsarbeiten macht, also auf der Bildfläche auftaucht, wenn alles zu spät ist, nichtsahnend, daß es eine größere Wirklichkeit gibt, die auch diese Aufräumungsarbeiten sinnlos macht?

Was bedeutet es denn, wenn buddhistische Philosophen sagen, daß es nur das Nichts gibt, daß Materie Illusion ist? Einerseits deckt sich diese Aussage mit den

Erkenntnissen der Physik, die salopp gesagt erklärt, daß die Hauptsubstanz der Materie, des Universums Nichts ist, Nichts – von Materie umgeben. Jede Körperzelle besteht in der Hauptsache aus Nichts, aus Leere, die umhüllt ist. Der größte Teil des Universums besteht aus Nichts. Nichts ist die Grundlage der Materie, der Gestaltung. Im Nichts blüht Energie auf, die sich neue Formen sucht.

Alles Maya. Aus dem Nichtstun, dem nicht Tun, entsteht das Potential neuer Ideen, neuer Formen. In den Pausen zwischen Informationsaufnahmen lernen wir, nicht im Aufnehmen dieser Informationen. Im Nichts lebt die Möglichkeit der Regeneration, der Neugestaltung. Im leeren Raum entstehen die Rhythmen der Energie, im Nichts wirbelt der Tanz der Teilchen, die sich neu formieren und wieder auseinanderfallen. Alles Maya. Alles Traum, alles Illusion, alles auch irgendwann und irgendwie Wirklichkeit.

Um die Macht der Illusion zu verstehen und mit ihr zu spielen, müssen wir die altbackenen Gesetze der Gewohnheiten, sowohl die der Wissenschaft als auch die unserer eigenen alltäglichen Prägung, über Bord werfen. Tatsache ist, daß Wissen jeden Tag neu definiert wird, daß alte wissenschaftliche Erkenntnisse umgestürzt, ehemals unmögliche Phänomene plötzlich möglich werden. Solange wir aber im Korsett des bereits Gefundenen, Erfundenen, Bestätigten bleiben, werden wir nie die Freiheit erfahren, Illusion und Wirklichkeit zu verbinden.

Das Paradoxe an der Verwirklichung von Illusionen ist, daß wir uns von der Dringlichkeit, der verzweifelten Notwendigkeit lösen und die Ironie universeller Spielregeln erkennen müssen: Alles ist möglich, auch das Erscheinen und Verschwinden, zum Beispiel dein eigenes. Du kannst dein Leben träumen, du kannst deine

Träume in die Wirklichkeit spinnen, du kannst in deinem Gespinst tanzen, du kannst damit abstürzen.

Gut, wenn du dabei dein Lachen nicht verlierst. Dann hast du verstanden, was Maya ist: Alles ist da. Auch du. Alles verschwindet. Auch du.

RITUAL

Gemeinsame Phantasiereise
Alle beteiligten Frauen sitzen im Kreis und beginnen zu summen, um eine gemeinsame Energieebene herzustellen. Dann fängt eine an und sagt, was sie sieht, zum Beispiel: Ich sehe einen Weg.

Die nächste sagt: Ich sehe Glockenblumen.

Die nächste: Da sind Felsen.

Die nächste: Über mir schwebt ein Habicht.

Jede läßt sich von der Beschreibung der Frau vor ihr anregen und sagt, was sie selbst sieht. Was sie hört, kann sie integrieren oder fallen lassen. Jedenfalls wandern so alle Frauen im Kreis an einen gemeinsamen Ort, den sie gemeinsam und doch individuell gestalten. Jede baut ein, was sie sieht oder braucht, und ignoriert von den anderen, was sie nicht braucht.

Je tiefer die Frauen in Trance gehen, um so weniger sprechen, manche legen sich zurück und träumen allein weiter. Die Reise kann sich ohne definiertes Ende auflösen oder von einer vorher bestimmten Frau beendet werden, indem sie die Frauen zurück in den Körper führt, das Bewußtsein für Atmung und Körper wieder weckt und Dehnung und Bewegung aller Körperteile anregt.

Jede Phantasiereise, die dich längere Zeit aus dem Körper geführt hat, sollte so abgeschlossen werden:

Du ziehst die Knie zum Körper und schaukelst dich sanft auf dem Rücken hin und her, du streckst die Beine nach oben und drückst die Fersen gegen den Himmel und dabei den unteren Rücken auf die Unterlage. Dann legst du die Arme seitlich vom Körper weit nach außen und läßt die Knie auf die eine Seite fallen und drehst den Kopf nach der anderen Seite, wechselst die Seiten, atmest tief in die spiralige Dehnung und drehst dich dann zur rechten Seite und über die rechte Seite zum Sitzen.

Dann sprecht ihr über die Reise und eure Eindrücke.

Neulich überraschte mich der griechische Gemüsehändler, den ich nun über zwanzig Jahre kenne und kaum etwas anderes als „so bitte" und „ja bitte" sagen hörte, während er melancholisch auf ein Stück Kürbis schaute, das er mir abgeschnitten hatte, mit folgendem vollständigen Satz: Wir wissen doch nix, woher das alles kommt.

Ich dachte noch: Das ist ja nett, daß nicht einmal der Gemüsehändler weiß, woher der Kürbis kommt. Ich fragte nach: Sie wissen nicht, woher der Kürbis kommt?

Er schüttelte ungeduldig den Kopf: Ich meine nicht den Kürbis. Ich meine das alles! Sein Arm beschrieb einen Bogen ungefähr von der Hundescheiße vor seinem Geschäft bis Wladiwostok. Wir wissen nichts! sagte er mit Nachdruck.

Ich gab ihm recht und nutzte seine philosophische Stimmung zu neuen Fragestellungen: Wir wissen auch nicht, wohin wir gehen, wenn wir sterben. Was hat die Wissenschaft nicht alles erforscht, aber trotzdem wissen wir nichts. Was wissen wir schon?

Nichts! bestätigte er mir grimmig.

Habt ihr euch jetzt endlich auf einen Minimalkonsens geeinigt? fragte die Frau hinter mir ungeduldig.

Ich lachte. Ich stand in diesem Geschäft inmitten Obst und Gemüse im rätselhaften Universum, unbekannten Energien ausgesetzt, und diese Frau wollte nichts als ihre drei Bananen zahlen. Während sie ahnungslos in einer Bananenrealität lebte, schwebte ich in den Raum zwischen den Kisten, Zahlen und Planeten, und der Gemüsehändler, der ein berühmt schneller Abkassierer ist, blieb in einem Zeitloch hängen und starrte mit entspanntem Unterkiefer in den Spalt, der uns von der wirklichen Realität trennt.

Mind the Gap! heißt es an Londoner Metrobahnsteigen. Achten Sie auf den Spalt. Wer sagt uns, daß wir nicht ein Videoprogramm einer hochentwickelten kosmischen Kultur sind? Déjà vu? Vielleicht hat da ja jemand auf die Repeat-Taste gedrückt?

Ich bin an Grenzüberschreitungen aller Art gewöhnt, aber es erstaunt mich immer wieder, wenn die fünfte Dimension im ganz normalen Alltag zwischen Zeitungskästen und Fahrrädern auftaucht. Tut mir leid, aber mit Magie habe ich nichts am Hut, sagte eine Freundin zu mir. Tut mir leid, muß ich zurückgeben, aber auch wenn du mit Magie nichts am Hut hast, existiert sie.

Verhalten wir uns nicht ständig wie das Kind, das die Hände vor die Augen legt und sagt: Ich bin versteckt?

Magie ist ja nichts als Kommunikation zwischen allen Energieansammlungen. Magie ist Gestaltung, Magie ist die Verbindung zwischen der materiellen und allen anderen Ebenen. Und sie existiert auch da, wo sie weder verstanden noch praktiziert noch abgerufen noch traditionell weitergegeben noch gelehrt wird. Sie verbindet die fünf Dimensionen: die drei, die wir kennen (Länge, Breite, Raumtiefe), die vierte, die Zeit, und die fünfte, die Erinnerung, die Traumzeit oder den Spalt, in den wir plötzlich schauen, wenn sich Dinge materialisieren, dematerialisieren oder Eigenleben zeigen.

An dieser Stelle halten wir kurz inne: Dinge materialisieren und dematerialisieren sich nicht? Sie können kein Eigenleben entwickeln, weil sie nicht leben? Auf was wartest du? Auf die Freigabe einer Realität durch die Wissenschaftler? Auf die wissenschaftliche Absolution deiner

Ahnungen und Befürchtungen? Auf den Startschuß: Das gibt's jetzt auch?

Jahrtausendelang arbeiteten Zauberinnen und weise Menschen mit Kleinstpartikeln von menschlichen Körpern, die ihnen den ganzen Körper, den ganzen Menschen repräsentierten. Jahrhundertelang immerhin gibt es Kritiker, Wissenschaftler, die diese Praktiken als Aberglauben abtun. Mit der Gentechnologie begann die Rehabilitierung dieser Vorgänge. Tatsächlich geben Hautpartikel, Nägel oder Haare alle Informationen über einen Menschen preis, vorausgesetzt sie treffen auf Personen, die die Informationen lesen können.

Wir werden in einem Realitätskonzept festgehalten, das nicht einmal mehr Wissenschaftlern wirklich plausibel erscheint. Wenn wir nicht ständig „Lancet" oder „Nature" oder ähnliche Fachblätter lesen, sind wir ohnehin nicht auf dem Laufenden, wohin sich die Lehrmeinung bewegt. Aber mit der Verteidigung der bekannten dreidimensionalen Weltsicht, der linearen Zeitentwicklung, der Zuverlässigkeit materieller Erscheinungen sind wir schnell bei der Hand, obwohl wir von nichts eine Ahnung haben.

Was würde es denn bedeuten, wenn es Linearität gar nicht gäbe? Dann läge alles nebeneinander. Fragmente von Realität, von Impulsen, von Energie kreisten, würden sich formen und die Form aufgeben – ohne Anfang, ohne Ende. Für uns, die wir in einer von der Wissenschaft freigegebenen Wirklichkeitsprojektion dahineilen, hieße das: Wenn es keine Vergangenheit und keine Zukunft gibt, ist alles immer gestaltbar, denn alles ist Projektion, Gedankenarbeit, Imagination.

Hirnforscher wie Oliver Sacks und Vilaynur Ramachandran wissen, daß ohne „Bewußtsein" die Ansammlungen von Materie keinen Sinn machen. Wenn wir kein

Schema, keine Anweisung haben, wie wir etwas sehen, definieren und wahrnehmen sollen, wenn es keine kulturelle Absprache gibt, was Wirklichkeit ist, wenn wir mit dem Wahrgenommenen keine Erfahrung verbinden können, sehen wir auch keine Wirklichkeit.

Ein Mensch, der seine Erinnerung verliert, verliert auch den Sinn der Materie um ihn herum. Wir brauchen Erinnerung, die Fähigkeit des Hirns, uns das Wahrgenommene zu entschlüsseln, um einen Sinn in allem zu sehen, was uns umgibt, was wir erzeugen, auslösen oder auflösen. Wir brauchen kulturelle Vorgaben, um uns in eine Wirklichkeit einzubringen. Wer also entscheidet, welche Vorgabe die „richtige", die „beste" ist? Vielleicht ist eine Vorgabe so lustig, so sinnlos, so falsch, so passabel wie jede andere?

Was machen meine Möbel, meine Göttinnen, meine Steine, wenn ich die Wohnung verlasse? Wer sagt, daß sie nicht die Welt neu schöpfen? Wer will das wissen?

Der Ahninnentopf, der dein Leben neu ordnen kann, arbeitet genau mit dieser unbekannten Größe. Du stellst einen Topf auf, in den du hineingibst, was dir die Verbindung zu magischen Dimensionen erleichtern kann, der für dich ein Durchgang zu unbekannten Wirklichkeiten werden kann, und dieser Topf fängt an, Energien in neue Formen zu bewegen. Du legst ein Geldstück hinein und sagst: Das ist mein letztes. Und schon kommen aus Quellen, von denen du niemals träumen konntest, so fremd sind sie dir, neue Geldstücke wie magnetisch angelockt (siehe auch mein Buch „SteinReich").

Was machen Kamm und Bürste, wenn du sie ineinander steckst? Was macht der Kühlschrank mit den Lebensmitteln, die du hineingibst? Daß sich Waschmaschinen von Socken und Unterhosen ernähren, ist mittlerweile bekannt. Wovon aber ernähren sich Fahrräder? Computer? Videogeräte? CD-Player? Sie ernähren sich nicht? So kann nur reden, wer noch nie eine lange Hose an eine Fahrradkette verfüttert hat.

Was wissen wir schon vom Austausch der Energien, vom Bewußtsein anderer Wesen. Wir erkennen andere Wesen ja nicht einmal und denken, nur Menschen hätten ein Bewußtsein und das, obwohl sie bei „vollem Bewußtsein" und in offensichtlichem Wachzustand Dinge tun, die sie umbringen werden. Wir tendieren dazu, Bewußtsein mit Hypnosebefehlen zu verwechseln.

Ein Automechaniker spricht mit seinem Auto, der Schreiner unterhält sich mit dem Fensterstock, den er repariert. Sind die beiden kreativ oder wahnsinnig? Warum verlieben wir uns, in wen verlieben wir uns? Wieviel von dieser emotionalen Steuerung kommt gar nicht von uns selbst, sondern ist Restbestand früherer emotionaler Eingaben? Was determiniert unsere landschaftlichen Vorlieben, unsere Lieblingsnahrung, Abneigungen, Kleidungsgewohnheiten, unsere alltäglichen Rituale, unser Bedürfnis nach Schutz und Sicherheit? Was wissen wir wirklich über die sogenannte Wirklichkeit?

Was wissen Hirnforscher von der komplexen Lebendigkeit des Hirns und seiner Funktionen? Sie können zwar die einzelnen Anlaufstellen für Impulse und Funktionen benennen, aber was das alles bedeutet, weiß doch kein Mensch. Für jeden Baustein der DNA-Spirale, der entschlüsselt wurde, öffnen sich Millionen neuer Rätsel, die niemand entschlüsseln kann.

Das verhält sich wie eine Speisekarte zum Essen, du kannst vielleicht die Speisekarte lesen, aber wenn du ein bestimmtes Gericht nie gegessen hast, sagt dir die Bezeichnung wenig, um nicht zu sagen gar nichts. Was determiniert die Sinne? Alle unsere Empfindungen? Wenn wir uns auf die Formel einigen können, daß wir zwar die Speisekarte lesen können, aber nichts über die Nahrung selbst wissen, nichts über die Köchin oder den Koch, nichts über das Restaurant, nichts über das Land, dann ist doch die sinnliche, uns zur Verfügung stehende Methode, etwas herauszufinden, nicht die schlechteste.

Genau da setzt Magie an. Sie arbeitet in allen fünf von mir spielerisch entworfenen Dimensionen. Sie tanzt auf allen bekannten und unbekannten Hochzeiten. Sie bringt Unvereinbares zusammen und trennt scheinbar feststehende Zustände auf. Und was wissen wir schon über Unvereinbares und Feststehendes?

Ein Ritual stellt eine Struktur her, die Menschen, Tiere, Pflanzen, Steine, Sterne, Gegenstände, Wesen, Geister, also Energien gleichberechtigt zusammenbringt. Ein Ritual kann spielerische Grundlage für neue sinnliche Erfahrungen werden. In einem Ritual tut jede beteiligte Person etwas für alle anderen und zugleich für sich. Wir werden uns gegenseitig zu PatInnen in eine neue Erfahrung.

Auch die sogenannte rationale Fraktion der Menschheit arbeitet mit Magie und Ritualen. Börsenspekulationen sind eine Form von Magie, die sehr reale Auswirkungen auf das Leben von Menschen hat. Die Werbung arbeitet mit Zahlen, Worten der Macht und Symbolen, um Menschen zum Kauf eines Gegenstands zu bewegen. Trends sind reine Magie: Da werden Jugendliche in eine Scheingemeinschaft gedrängt, alle definieren sich über Firmennamen, Worte der Macht.

Aus gutem Grund gibt es keine kritische Forschung über die Wirksamkeit des Illusionszaubers in Medizin und Therapie. Denn am Seinlassen, am Sein läßt sich kein

Geld verdienen. Was aber ist Geld anderes als virtuelle Realität, magische Substanz? „Erforscht", also schriftlich festgehalten werden eher die Erfolgserlebnisse der Medizin, der Naturwissenschaft, weil jedes Herantasten an andere Erkenntnisse vielleicht enthüllen würde, daß auch ohne invasive Medizin, ohne Spritzen, Operationen, ohne Aufschneiden und Zerlegen, Enthüllen, Herausschälen alle Energien sich ständig neu formen und ständig neue Verkörperungen und Erscheinungen erzeugen.

Wie lange leben Patienten, an denen Transplantationen vorgenommen wurden? Wie leben sie? Was geschieht nach dem Tod? Ist es überhaupt sinnvoll, Leben zu verlängern? Welche Qualität, welchen Sinn hat das Leben? Ist es nicht sinnvoller, das Jetzt mit allen zur Verfügung stehenden Sinnen blühen zu lassen, statt sich ständig mit der virtuellen Realität von „später" zu beschäftigen?

Von der Mutter meines senegalesischen Liebhabers bekam ich einen Grigri, ein magisches Amulett, das ich um die Taille tragen sollte. Eines Nachts träumte ich, daß ich in einen Kokon eingesponnen wurde. Noch im Traum knüpfte ich den Talisman auf und legte ihn weg. Am Morgen rief mich die Mutter aus dem Senegal in München an und fragte, ob ich den Grigri noch trage. Als ich mich von meinem Freund getrennt hatte, bat er mich, am selben Abend um halb neun in Dakar anzurufen. Ich hatte keine Lust und ging statt dessen in meinen Yogakurs. Punkt halb neun schaute ich „zufällig" auf die Uhr im Seminarraum. Unter meinem Blick begann die Uhr zu rasen. Sie eilte durch die zukünftigen Stunden und Zeiten und hörte nicht mehr auf.

Seit ich mich näher mit der Wirklichkeit beschäftige, die mich umgibt, die ich selbst herstelle, die von anderen Menschen hergestellt wird, entgleitet mir diese scheinbar so logisch strukturierte Wirklichkeit und enthüllt ihre trügerische Natur. Nichts ist nur das, was es zu sein scheint. Wahrheit und Lüge sind verhandelbar.

Ich antworte darauf mit meiner spielerischen Fähigkeit, Wirklichkeit neu zu definieren. Ich setze meine Lust zu gestalten, zu fragen, über alles zu lachen ein, meine Magie. Sie scheint mir die einzig zuverlässige Methode, meinen Verstand nicht zu verlieren, also überall gleichzeitig zu stehen, zu ver-stehen. Denn nicht alles, was als Wahrheit ankommt, ist auch beGREIFbar. Und auch das Begreifbare ist doch trügerisch: War nicht der Sand einmal Stein? Wird nicht die Avocado, die ich esse, zu Scheiße? Was ist, wenn ich an Verstopfung leide oder die Avocado, ohne sie zu verdauen, restlos in mein System eingliedere? Nichts bleibt, was es war. Also ist auch nichts, was es zu sein scheint. Nicht einmal das alte Maffeikino in München, das jetzt ein Speiselokal ist – aber wie lange noch?

Wer sich mit „Magie" nicht beschäftigen will, „verliert" halt Dinge und rationalisiert Ereignisse, die es „nicht geben kann", bis eine „logische Erklärung" gegeben wird, die alles wieder in einen sinnvollen Zusammenhang fallen läßt.

In keinen sinnvollen Zusammenhang fallen die Fingernägel, die ich in meiner Wohnung finde. Der erste, der nicht von mir stammt, erlebte noch die Gnade der logischen Erklärung. Er lag im Bad, rund abgeschnitten, ich knipse mir die Nägel rechts und links ab, habe also nie einen rundgeschnittenen Nagel irgendwo herumliegen. Aber über Weihnachten hatte ich Besuch von meiner Tochter und meiner Schwester. Also weg damit. Nach intensivem Staubsaugen in der ganzen Wohnung lag plötzlich ein rundgeschnittener Fingernagel vor meinem Bett. Dieser Nagel war mir eher rätselhaft. Ich warf ihn ohne Erklärungsversuche weg. Dann putzte ich die Wohnung nach dem Besuch von Freundinnen. Am nächsten Tag lag ein rundgeschnittener Fingernagel vor einer afrikanischen Göttin im Zauberzimmer. Da fängt das Hirn schon mal an, fieberhaft zu arbeiten. Jemand hat sich Zugang zu meiner Wohnung verschafft und vor dieser Göttin einen Nagel abgeschnitten? Die Wirklichkeit hat viele Facetten...

RITUAL

Freudenfeuer
Lade alle deine FreundInnen zu einem Freudenfeuer ein. Jede soll sowohl Brennmaterial als auch ein Geschenk für das Feuer mitbringen. Schön sind zum Beispiel Geflechte aus Stroh, Kräutern und Zweigen oder Feuerbrettchen, auf denen Kräuter aufgebunden oder Bilder aufgemalt sind. Alle sollten auch einen Zettel mitbringen, auf dem steht, worüber sie sich in letzter Zeit sehr gefreut haben. Das Feuer wird angezündet, die vier Elemente werden gerufen, jede am Ritual beteiligte Person ruft noch eine Kraft dazu, die sie gerade spüren möchte, dann werden die Zettel und die Feuergaben ins Feuer geworfen. Alle bedanken sich beim Feuer. Danach können Kartoffeln und Würstchen gebraten werden, damit der Magen auch was Erfreuliches hat.

Schön ist das Ritual, wenn sich alle schon am Nachmittag treffen, um gemeinsam Feuergaben zu gestalten.

ERST TRÄUMEN – DANN HANDELN!

LUISA FRANCIA

Auf ihren Reisen durch Asien und Afrika erforschte sie Volksheilkunde und Magie, schrieb Reisereportagen, malte und fotografierte. Sie machte Filme und schrieb Theaterstücke. Ihre Bilder wurden auf Ausstellungen u.a. in München, Zürich, Wiesbaden, London und Berlin gezeigt. Insgesamt 27 Bücher sind von ihr erschienen, die meisten illustrierte sie selbst und entwarf auch die Titel. Ihre Reportagen wurden u.a. in Transatlantik, Globo, Weltwoche Zürich, im SZ-Magazin und im Tagesanzeiger Magazin veröffentlicht. Sie lehrt Yoga, Imaginations- und Entspannungstechniken.

Luisa Francia

Berühre Wega, kehr' zur Erde zurück
ISBN 978-3-88104-120-1

Mond • Tanz • Magie
ISBN 978-3-88104-152-2

Drachenzeit
ISBN 978-3-88104-165-2

Zaubergarn
ISBN 978-3-88104-190-4

Spielend Scheitern
Ein Leidfaden für Frauen mit 13 Tips zum Mißerfolg
ISBN 978-3-88104-203-1

Die 13. Tür
ISBN 978-3-88104-210-9

Die schmutzige Frau
ISBN 978-3-88104-226-0

SteinReich
ISBN 978-3-88104-239-0

Auf der anderen Seite der Haaresbreite
ISBN 978-3-88104-252-9

Starke Medizin
ISBN 978-3-88104-266-6

Die Bärin im 11. Haus
ISBN 978-3-88104-293-2

Der wilde Blick
ISBN 978-3-88104-328-1

im Verlag Frauenoffensive

Luisa Francia

Drei Wünsche
Von der Vision zur Magie als Handwerk
ISBN 978-3-88104-317-5

Sanfte Wirbelstürme, vergessene Flügel
Das Rückenbuch
ISBN 978-3-88104-306-9

Der Rest deines Lebens beginnt jetzt
Rituale zur Verzauberung des Alltags
ISBN 978-3-88104-339-7

Die Sprache der Traumzeit
Kunst und Magie
ISBN 978-3-88104-350-2

In den Gärten der Kore
Visionen aus einem weiblichen Universum
ISBN 978-3-88104-360-1

Auf Katzenpfoten zur Nirwanarolle
Ein Übungsbuch mit Audio-CD
ISBN 978-3-88104-369-4

einschlafen träumen ausschlafen
Die Gabe der Schmetterlingsfrau
ISBN 978-3-88104373-1

Wortwechsel
ISBN 978-3-88104-375-5

Dunkle Spiegel
Orakel als Weg in andere Wirklichkeitsebenen
ISBN 978-3-88104-379-3

im Verlag Frauenoffensive